고려대학교 정부학연구소
방법론 프론티어시리즈 02

Stata를 이용한 메타분석

진윤아

KOREA
UNIVERSITY
PRESS
고려대학교
출판문화원

고려대학교 정부학연구소 방법론 프론티어시리즈 발간사

사회과학 연구에서 방법론의 중요성은 아무리 강조해도 지나치지 않다. 사회현상에 대한 연구가 불완전한 개념과 자료가 가지는 한계를 극복하고 과학이라는 화려한 옷을 입을 수 있도록 도와주는 것은 다름 아닌 방법론이기 때문이다. 그러나 이러한 중요성에도 불구하고 방법론이 한국의 사회과학계에서 그에 걸맞는 대우를 받아 오지 못한 것도 사실이다. 고려대학교 정부학연구소의 방법론 연구센터는 이와 같은 배경에서 행정학, 정치학, 경제학, 경영학, 사회학, 심리학 등 다양한 사회과학 분야에서 광범위하게 사용되고 있는 최신 방법론을 연구하고 소개하기 위한 목적으로 2012년 설립되었다. 특히 본 연구센터는 설립 이후 전통적인 방법론 교과서에서 많이 다뤄지지 않고 있는 첨단 기법을 중심으로 각 분야의 최고 전문가들을 초빙하여 이를 소개하는 방법론 프론티어 세미나를 정기적으로 운영하고 있다. 지금까지 본 세미나를 통해 formal theory, ground theory, frame analysis, meta analysis, fuzzy set analysis, big data analysis, complex system theory, network theory, decision analysis 등 사회과학도라면 한번쯤 들어보았을 첨단 기법들이 교내외 연구자들과 대학원생들에게 소개되었다.

방법론 프론티어시리즈는 고려대학교 정부학연구소에서 방법론 연구센터를 통해 진행된 세미나 시리즈의 연장선상에서 기획되었다. 따라서 본 시리즈는 보다 많은 사회과학 분야 연구자들에게 첨단 방법론 기법을 접할 기회를 제공하고 나아가서 행정학을 비롯한 다양한 사회과학 분야의 발전에 기여함을 목적으로 하고 있다. 본 시리즈의 집필진들은 각 분야에서 가장 활발하게 활동하고 있는 최고

전문가들로 이루어졌으며, 이러한 노력을 통해 방법론 연구의 저변 확대에도 기여할 것으로 기대한다. 또한 본 시리즈를 통해 소개되는 방법론들은 대부분 기존 교과서에서는 다뤄지고 있지 않지만 첨단 연구 기법으로 사회과학 전 분야에서 광범위하게 활용되고 있는 것들이다. 본 시리즈의 기획 취지가 첨단 방법론의 소개와 저변 확대이다 보니 관련 연구자들과 대학원생들이 이러한 최신 기법들을 연구에 직접 적용할 수 있도록 이론뿐 아니라 사례를 통한 실제 활용에도 초점을 맞추어 내용을 구성하였다.

방법론 프론티어시리즈의 발간은 많은 분들의 도움과 수고 덕분에 가능하였다. 우선 고려대학교 출판부를 맡고 계신 유석훈 교수님은 첨단 방법론 기법의 시장이 그리 크지 않음에도 사회과학 방법론의 발전이라는 취지에 공감하여 흔쾌히 출간에 동의해 주셨다. 또한 출판부 편집실의 여러 분들이 원고의 편집 과정에서 많은 수고를 해 주셨고 앞으로도 수고해 주실 예정이다. 이분들의 도움이 없었다면 방법론 프론티어 시리즈는 아직 아이디어 단계에 머물러 있었을 것이다. 무엇보다 바쁜 일정에도 불구하고 본 시리즈의 발간에 적극적으로 참여해 주신 그리고 앞으로 참여해 주실 저자들께 특별히 감사의 마음을 전한다. 고려대학교 정부학 연구소와 방법론 프론티어 시리즈 집필에 참여한 저자들의 작은 노력이 행정학 분야뿐 아니라 사회과학 여러 분야에서 좀더 큰 결실로 이어지길 소망한다.

2014년 9월 30일

정부학연구소 소장 최진욱

머리말

최근 사회과학 분야 전 영역에 걸쳐 메타분석 방법을 적용한 학위 논문과 연구 논문들이 활발하게 발표되고 있다. 하지만, 메타분석에 익숙하지 않은 연구자의 이해를 높일 목적으로 쓰인 국내의 입문서는 상대적으로 많지 않다. 근래에는 메타분석 전용 통계 프로그램 외에도 사회과학 여러 분야에서 상용되는 통계 프로그램들을 통해서도 메타분석이 가능하게 되었다. 이 책에서는 이들 통계 프로그램 중 최근 사회과학 분야에서 가장 광범위하게 사용되고 있는 프로그램인 동시에 메타분석이 가장 손쉽게 수행되는 통계 패키지인 Stata를 이용한 메타분석을 소개하고자 한다.

메타분석은 동일한 연구문제에 대해 누적된 연구결과들을 종합적으로 검토하는 연구방법으로, 기존의 문헌연구에서 이루어졌던 연구자의 주관적 관점에 근거한 문헌고찰이 아닌 선행연구들의 결과를 객관적이고 통계적으로 요약하여 고찰하는 방법이다. 선행연구 고찰에 관한 계량적 접근은 1930년대부터 통계학자들의 관심 속에 연구되었으며, 1976년 Glass에 의해 분석결과들의 분석(Analysis of Analyses)의 의미를 가진 '메타분석(Meta Analysis)'이란 용어가 처음 사용되었다. 이처럼 메타분석은 1차 자료를 수집하는 대신에 1차 연구의 분석결과물인 연구문헌을 수집하여 분석하는 방법이다. 메타분석이 다루고 있는 주요 내용은 분석에 포함된 연구들을 체계적으로 병합하는 통합 평균 효과크기의 도출, 개별 효과크기 값의 비교를 통한 동질성 검정 및 연구별 효과크기의 차이를 유발한 연구 특징의 규명 등이다.

이 책은 메타분석을 처음 접하는 연구자가 이해하고 적용할 수 있도록 메타분석의 기초적 개념 설명, 분석의 절차 소개, 효과크기 계산, 고정효과모형과 무선효과모형을 사용한 가중평균효과크기 값의 추정 및 연구 특징의 조절효과 규명을 위한 분산분석과 회귀분석의 적용 방법을 중심으로 정리하였다. Stata 프로그램을 활용한 예제의 실습을 통해 연구자가 실제로 메타분석을 이용하여 연구를 수행하는 데 도움이 되길 기대한다.

이 책이 출간될 수 있도록 기획을 담당하고 지원을 아끼지 않은 고려대학교 행정학과 구교준 교수님과 편집으로 수고해 주신 고려대학교 출판부 편집실, 그리고 원고 정리와 교정을 도와주신 한국사회과학자료원 정민혁 연구원에게 감사드린다.

2015년 1월

진윤아

차례

1장
메타분석 개괄

사회과학 분야 논문을 작성하기 위해 연구자는 연구가설의 논리적 근거를 뒷받침하기 위해 선행연구의 결과를 종합하는 문헌고찰(Literature Review)의 과정을 거친다. 이때, 선행연구들이 동일한 주제를 다루었지만 서로 다른 연구결과들로 별개의 결론을 내리고 있다면, 연구자는 고찰 결과를 요약하여 제시하는 것이 쉽지 않다. 만약, 개별 연구들이 연구 특성(연구시기, 응답자 분포, 측정방법 혹은 연구 설계)의 차이로 인해 결과가 일치하지 않는다면 적절한 문헌고찰 결론을 제시하기는 더욱 어렵다. 이처럼 일치되지 않은 개별 연구결과의 비교분석을 통해 결과의 이질성의 원인이 되는 연구 특성을 규명해 냄으로, 서로 다른 특징과 조건들을 가진 일관적이지 않은 연구 결과들 속에서 타당한 결론을 도출하기 위해 활용되는 통계기법이 메타분석이다.

메타분석은 동일한 연구문제에 대해 누적된 다수의 독립된 연구결과들을 종합하기 위해 수집이 가능한 거의 모든 선행연구들의 단편적인 결과들을 체계적이고 통계적으로 종합하여 객관적이고 포괄적인 연구 결론을 이끌어 낼 수 있는 선행연구 고찰방법(Systematic Literature Review; Statistical Literature Review)이다. 연구문헌을 양적으로 종합하는 접근은 1930년대부터 진행되어 왔으나, '메타분석(Meta Analysis)'이란 용어와 그 기본적 분석의 틀은 1976년 Glass에 의해서 제공되었다(황정규, 1988).

근래에 메타분석에 대한 관심이 높은데, 이는 국내외 사회과학 분야에서의 경험적 연구들의 증가와 이들 연구로부터 산출된 거의 모든 학술지 논문 및 보고서가 체계적인 데이터베이스(DB)로 구축되는 것에 기인한다. 거의 모든 연구 분야에서 축적된 다양한 연구문헌이나 결과물의 연구 내용들을 DB를 통해 쉽게 검색할 수 있게 된 것이다. 또한, 최근에는 정책결정자와 현장전문가들의 의사결정을 위해 선행연구 결과들을 종합하여 활용하려는 메타분석 연구가 증가하고 있다(장덕호·신인수, 2011). 1차 자료를 수집하여 연구를 진행할 시간적 여유가 없는 경우, 신속하고 객관적인 의사결정을 위한 기초자료로 메타분석 결과를 사용할 수 있기 때문이다. 메타분석은 기존의 통계방법과는 달리 1차 자료를 사용하는 대신에 분석의 대상으로 선행연구의 결과물들을 사용한다. 즉, 다양한 통계적 방법을 사용하여 분석된 연구결과를 통합하기 위해 각 연구에 제시된 개별 요약통계 값(분석 결과값)을 동일한 측정단위로 표준화시킨 효과크기(Effect Size)로 환산하여 분석한다.

1. 전통적 문헌고찰 방법 vs. 메타분석

메타분석 이전의 전통적 문헌고찰 방법으로는 화술적 종합법(Narrative Synthesis)과 투표식 방법(Vote Counting)을 들 수 있다.

화술적 종합법은 개별 선행연구들의 결과를 이야기하듯 나열하는 방법이다. 이때, 선행된 연구결과 모두를 고찰대상으로 포함시키기 어려우므로 연구자 개인의 주장을 뒷받침하는 선행연구 결과만을 중심으로 정리하게 되어 연구자의 편견이 개입되기 쉽다. 이에 반해 메타분석은 연구자가 포함시키고자 하는 연구들을 임의로 결정하지 않고, 연구주제와 관련된 수집 가능한 거의 모든 선행연구들의 결과를 객관적으로 통합하여 요약할 수 있다(오성삼, 2002).

투표식 방법은 선행연구들을 통계적 유의수준을 기준으로 집단 간 차이 혹은 두 변수 간 상관이 유의한 연구와 유의하지 않은 연구의 집단으로 분류한 후 이 중 가장 많은 수를 차지하는 집단의 결과값으로 종합하는 방법이다. 따라서 집단 간 차이가 통계적으로 유의한지 아닌지에 대한 정보만 제공하고, 차이의 크기나 정도(Magnitude or Degree)는 전혀 고려하지 못하는 결점을 가진다(장덕호·신인수, 2011). 이에 반해 메타분석은 집단 간 차이를 효과크기로 계산해 냄으로 차이의 크기를 알 수 있다. 또한 투표식 방법은 각 연구별 표본의 크기를 고려할 수 없어서 작은 수의 표본을 통해 산출된 연구 결과와 많은 수의 표본을 사용한 연구 결과가 동등하게 평가되어 실제와 다른 결론에 도달할 가능성이 있다(김종승, 1983). 반면에 메타분석은 연구들의 서로 다른 표본 크기를 고려하기 위해 가중치를 적용하여 분석하므로 모집단을 보다 정밀하게 추정할 수 있다.

2. 전문가의 고찰결론 vs. 메타분석 결론

메타분석결과가 화술적 종합법과 투표식 방법으로 진행된 전통적 문헌고찰 결론과 상반된 결론을 보이기도 하는데, 그 예로 심리치료 효과 논쟁, 비행행동 억제 프로그램의 효과 여부, 그리고 교육행정 및 교육정책 분야에서 교육재정 투입효과 논쟁을 들 수 있다(Mann, 1994). 먼저 Eysenck(1965)는 전통적 문헌 고찰방법을 통해 심리치료(Psychotherapy)는 효과가 없다고 결론 내렸지만, 이후 Smith & Glass(1977)는 375편의 메타분석을 통해 심리치료의 긍정적 효과를 증명하였다. 청소년 비행행동 억제 프로그램의 효과성 여부를 파악하기 위해 National Academy of Sciences Panel on Rehabilitative Techniques(1981)는 당시 사회 여론이 반영된 문헌들을 고찰한 화술적 종합법을 통해 효과가 없는 것으로 판단하였지만, Lipsey(1992)는 500편의 선행연구를 대상으로 메타분석을 실시하여 대부분의 프로그램에서 중간 정도의 긍정적 효과와 기술 관련, 비심리적 프로그램에서는 높은 긍정적 효과를 발견하였다. 마지막으로, Hanushek(1989)은 투표식 방법을 통해 교육재정 투입이 학업성취 향상에 기여한

다는 증거가 없다고 결론지었는데, 이에 대해 Hedges, Laine, & Greenwald(1994)는 동일한 선행연구 38편의 연구결과의 효과크기와 각 연구의 표본의 수를 고려한 메타분석을 통해 교육재정의 투입은 학업성취 향상 등의 큰 교육적 성과가 있음과 재정액수의 조절효과를 발견하여 Hanushek의 결론에 반론을 제기하였다.

이러한 논쟁은 정책결정자와 현장전문가들이 정책효과 검증이나 프로그램 개입과 관련한 의사결정에 있어 메타분석을 활용하는 결정적 계기가 되었다.

3. 메타분석의 장점

메타분석의 장점은 다음과 같이 정리할 수 있다.

첫째, 동일한 연구주제하에 많은 양의 연구물이 축적된 경우, 메타분석은 연구별 서로 다른 분석 결과 값들에 대한 표준화를 통해 단위를 통일함으로 하나의 결론으로 종합하는 것이 가능하다. 따라서 수많은 학술정보들 속에서 체계적으로 요약된 정보를 제공할 수 있는 분석방법이다.

둘째, 수집 가능한 개별의 작은 연구결과를 모두 포함한 큰 표본을 이용하므로 메타분석으로 종합된 결과값은 각기 다른 연구 환경 속에서 수행된 독립된 연구로부터 도출된 제한된 표본크기나 한정된 응답자를 대상으로 한 개별 결과값보다 신뢰할 수 있고 타당한 모수치를 추정하며, 높은 통계적 검증력을 가진다

(Pillemer & Light, 1980).

셋째, 동일한 연구가설을 검증한 선행연구들이 서로 다른 결과를 도출하였을 때, 이들 연구물 모두를 분석 대상으로 포함시켜 객관적이고 통합적인 결론에 도달할 수 있다(김병준·한명우, 1995). 따라서 메타분석은 연구자에 따라 결론이 달라서 무한히 수행되는 동일 주제의 중복 연구를 막을 수 있는 장점이 있다. 또한, 개별 연구의 비교분석을 통해 상반된 결과가 나오게 된 원인을 살펴볼 수 있으므로, 연구결과들의 차이를 설명하는 조절변수의 규명이 가능하다.

넷째, 서베이 등을 통해 1차 자료를 수집하여 분석할 연구 여건의 조성이 여의치 않을 때, 연구자는 메타분석을 통해 선행연구들의 결과물을 1차 자료로 사용하여 효율적인 연구를 진행할 수 있다(오성삼, 2002).

2장
메타분석의 절차

1. 메타분석의 절차

메타분석의 절차는 기존의 사회과학 연구의 기본적 순서와 크게 다르지 않다. 즉, 구체적인 연구문제 및 가설을 설정하고, 변수를 조작적으로 정의하며, 자료를 수집하여 분석한 후 결과를 보고한다. 다만 메타분석은 이미 수행된 선행연구물을 수집하여 각 연구에서 제시된 분석결과 값으로 표본 자료를 완성한다는 점에서 일반 연구와 구별된다.

연구자가 선정하는 메타분석의 연구문제는 두 집단의 평균값의 차이 혹은 두 변수 간의 관계를 다루어야 한다. 종합하려는 연구변수 간의 관련(혹은 집단 차이)으로 가설을 선정한 다음에는 가설에 부합되는 연구물들을 수집해야 한다. 컴퓨터 데이터베이스를 통한 문헌검색과 해당 분야의 학회 발표집과 학위논문, 학술논문, 각종 연구보고서 등으로 출판된 검색 가능한 연구물을 최대한 수집해야 한다. 이때 수집대상은 양적 분석(Quantitative

Analysis) 연구물로 한정되며, 이들 중 메타분석에 포함되기 위해서는 연구물에 제시된 연구결과의 분석통계값이 표준화된 평균차, 상관계수, 승산비 등의 효과크기의 형태로 변환이 가능한 것이어야 한다.

분석에 필요한 자료를 모두 수집한 다음에는 각 연구에서 얻은 정보를 공통의 표준화된 단위인 효과크기로 환산한다. 이때 각 연구의 특징(Study Characteristics)도 개별 효과크기와 함께 정리한다. 예컨대, 연구 설계와 변수의 측정방법 및 도구 등을 정리하며, 연구물의 발표년도와 표본의 특성(성별 비율, 연령 분포) 등을 일정한 양식으로 양화된 수치로 코딩하는 것이다. 이후, 자료분석 작업을 진행하고 결과를 해석한다.

가. 연구문제 설정 및 변수의 조작적 정의

메타분석 연구자는 우선 연구문제를 구체적인 가설로 설정하고 관련 변수를 조작적으로 정의해야 한다.

예 본 메타분석은 '남성노인은 여성노인에 비해 높은 삶의 만족의 정도를 보일 것이다'라는 연구가설을 검증하기 위해 선행 연구논문은 65세 이상의 응답자를 조사한 것이며, 삶의 만족도는 주관적인 삶의 만족 정도나 전반적 삶의 행복도를 측정한 연구들을 분석에 포함시켰다.

나. 연구결과물 수집

공통의 연구 주제를 가지며 포함기준에 부합되는 선행 연구결과물을 최대한 수집해야 한다. 이때, 연구결과물의 선별기준을 설정할 수 있는데, 연구의 질이 어느정도 검증된 학술지 논문(Peer Reviewed Journal)으로 한정할 수 있다.

예 본 연구를 위해 2010년 이후 연구재단 등재 학술지에 게재된 65세 이상 노인을 대상으로 성별과 삶의 만족도 간의 관련을 연구한 논문들을 검색하여 수집하였다. 국내 주요 학술 데이터베이스〔국가과학기술정보센터(NDSL), 누리미디어(DBPIA), 한국교육학술정보원 학술연구정보서비스(RISS), 한국학술정보(KISS) 등〕를 검색하여 석·박사학위논문과 학술대회 발표문, 단행본 및 연구보고서 등은 검색대상에서 제외하였다.

다. 효과크기 계산

메타분석에 포함된 각각의 연구결과를 공통의 척도를 가진 표준화된 값으로 변환된 개별 효과크기를 도출한다.

예 분석에 포함된 개별 연구의 분석결과 값(남성노인과 여성노인의 삶의 만족도 평균값과 표준편차 및 표본 수)과 변환된 효과크기(Hedges's *g*) 및 개별 효과크기의 가중치를 고려하기 위해 계산된 각 효과크기의 분산값을 정리하여 메타분석을 수행하기 위한 자료를 완성하였다.

연구	남성 노인			여성 노인			효과크기 (Hedges's g)	분산
	표본수	평균	표준편차	표본수	평균	표준편차		
연구 1	37	28.39	9.93	35	19.35	8.73	.955	.062
연구 2	3	21.78	3.88	7	23.19	9.71	-.148	.478
연구 3	41	13.39	1.79	40	9.06	.97	2.975	.107
연구 4	23	9.30	7.72	21	5.45	3.12	.632	.096
⋮	⋮	⋮	⋮	⋮	⋮	⋮	⋮	⋮

혹은 개별 연구의 분석 검증 결과값 r, t, F, χ^2 등의 값과 통일된 효과크기 Z_r로 변환한 효과크기 값 및 분산으로 정리할 수 있다.

연구	남성 표본수	여성 표본수	분석결과 값	효과크기 (Z_r)	분산
연구 1	65	82	성별과 삶의 만족도 간의 상관계수 r=.32	.3316	.0069
연구 2	50	30	성별에 따른 삶의 만족도의 차이 t=2.5	.2769	.0130
⋮	⋮	⋮	⋮	⋮	⋮

라. 메타분석의 통계적 모형 선택

메타분석을 위해 선별된 연구물의 결과값을 통합하기 위한 메타분석의 통계적 모형으로 고정효과모형(Fixed Effect Model)과 무선효과모형(Random Effects Model) 중 하나를 선택해야 한다.

예 본 연구는 메타분석의 통합대상 연구들이 연구별 응답자의 평균 건강 상태, 교육수준, 경제적 상태 및 거주지역 등의 특성들이 이질적이어서 하나의 동일한 효과크기를 가정하기 어렵다고 판단되어 무선효과모형에 근거한 메타분석을 진행하였다.

마. 연구별 특성 정리

개별 연구의 효과크기에 영향을 미칠 것으로 예상되는 개별 연구의 특징적인 정보를 정리한다.

예 연구들 간 효과크기가 이질적인 것으로 파악되어 효과크기의 이질성의 원인으로 예상되는 연구 특성인 연구별 평균 연령과 응답자의 거주 지역은 다음과 같다.

연구	연구자	효과크기	분산	평균연령	거주지역
연구 1	김○○ (2012)	Z_r=.3316	.0069	78.2	시골
연구 2	이○○ 외 (2010)	Z_r=.2769	.0130	67.6	대도시
⋮	⋮	⋮	⋮	⋮	⋮

바. 메타분석 시행

산출된 개별 효과크기를 메타분석을 통해 종합한다.

예 연구별 산출된 효과크기를 병합하여 하나의 통합 효과크기를 계산하기 위해 공통의 효과크기로 변환하여 가중치(분산의 역수)를 부여한 후 병합하여 가중평균 효과크기를 구하였다.

사. 분석결과 제시 및 해석

가중치가 부여된 가중평균 효과크기와 신뢰구간 및 동질성 검정결과 등 메타분석 결과값을 제시하고 해석한다.

예 삶의 만족도에 있어 성별차이의 가중평균 효과크기는 .42로 중간 정도의 효과크기를 가지며, 남성노인의 삶의 만족의 정도가 여성노인에 비해 유의하게 높음을 알 수 있다(Weighted Mean Effect Size=.42, 95% CI: .25~.50). 연구 간 동질성 검정 결과 연구별 효과크기에 차이가 있는 것으로 나타났다(Q=98.7, p<.001). 이에 효과크기에 영향을 미치는 연구 특성으로 평균 연령을 이용하여 조절효과를 규명하기 위한 무선효과 메타회귀분석을 실시하였고, 그 결과 표본의 평균연령이 높은 연구일수록 삶의 만족의 정도에 있어 남녀의 차이가 줄어드는 것으로 해석되었다.

2. 메타분석을 위한 Stata 프로그램과 기본 실행방법

메타분석 방법은 현재 사회과학 거의 모든 분야에서 경험적인 선행연구 결과들을 통합하는 방법으로 사용되고 있다. 이는 여러 학술정보 DB의 활발한 구축과 보급으로 연구자들이 각종 연구 결과물을 체계적으로 검색하여 메타분석에 이용할 수 있게 되었기 때문이다. 또한 메타분석 전용 통계 프로그램의 개발 외에도 사회과학 여러 분야에서 상용되는 통계 프로그램들을 통해서도 메타분석이 가능하게 되어, 메타분석방법을 보다 쉽게 연구에 적용할 수 있게 되었다. 이들 일반 통계 프로그램 중 최근 사회과학 분야에서 가장 광범위하게 사용되고 있는 프로그램인 동시에 메타분석이 가장 손쉽게 수행되는 통계 패키지인 Stata를 이용한 메타분석을 소개하고자 한다.

1980년대 개발된 Statistics와 Data를 합친 말에서 유래한

Stata 프로그램은 다양한 분야에서 사용될 수 있도록 만들어졌다. 가장 큰 장점은 호환성이 뛰어나고 인터넷을 통해 웹상의 데이터를 공유하며 수시로 추가되는 새로운 기능 및 명령어를 자동으로 업데이트할 수 있다는 점이다. Stata 프로그램의 기본적인 실행방법 및 메타분석에 사용되는 명령어 몇 가지를 소개하면 다음과 같다.

가. Stata 데이터를 생성하는 방법

다음은 Stata를 이용하여 데이터 셋을 완성하는 과정이다. Stata에서 데이터를 입력하기 위해서는 Data Editor를 통해 값을 직접 입력하거나 명령어(input)를 통해 바로 입력할 수 있다.

Data Editor 창을 열기 위해서 화면 상단 메뉴바의 'Window ⇒ Data Editor'를 클릭하여 창을 연 다음, 셀에 선행연구의 분석 결과값 혹은 효과크기를 입력하면 자료가 생성된다.

Data Editor를 통해 자료를 입력하고자 할 때는 빈 셀에서 값을 입력하면 var1, var2, var3 등의 형식으로 변수가 자동으로 생성되며, 입력 값의 형식(숫자, 문자 등)에 따라 변수 형식이 부여된

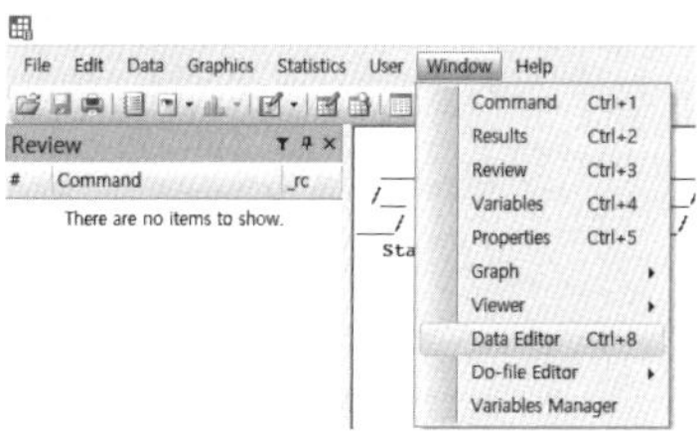

〈그림 1〉 Window 메뉴를 이용한 데이터 입력

다. Data Editor 내에서 변수명이나 기타 변수의 속성을 변경하려면, 'Properties'창을 통해 수정할 수 있다.

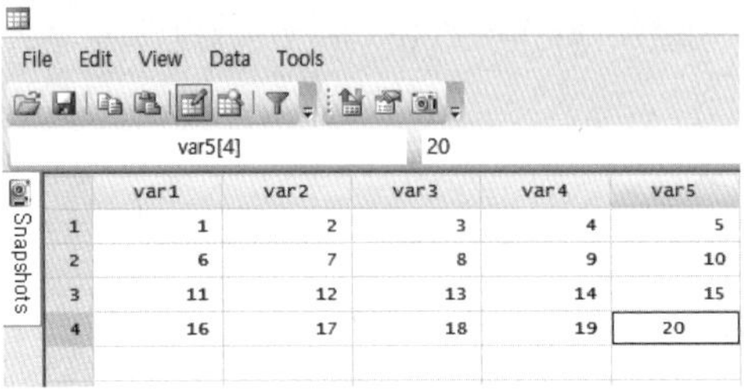

〈그림 2〉 Data editor 입력 화면

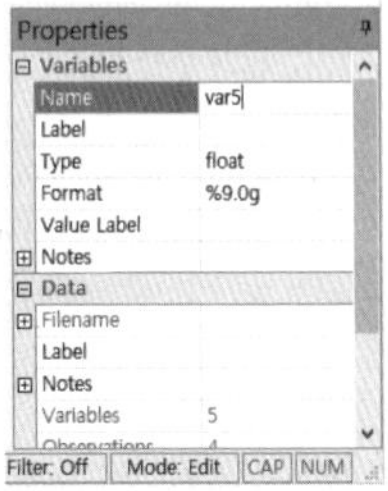

〈그림 3〉 Properties 창

엑셀에서 입력된 자료를 Stata에서 활용하기 위해서는 'File ⇒ Import ⇒ Excel spreadsheet(*.xls;*.xlsx)'를 이용하거나, **import excel** 명령어를 이용한다. 혹은 엑셀에서 해당 값을 복사해서 Data Editor의 Edit mode에서 붙여넣기를 하는 방법도 있다.

나. 메타분석에 사용되는 Stata 명령어 정리

① 가중치가 부여된 평균효과크기 계산 명령어 예

a. 집단 간 표준화된 평균차이로 계산된 효과크기

Cohen's d 고정효과모형: **metan** n_1 M_1 SD_1 n_2 M_2 SD_2, cohen fixedi

Hedges's g 무선효과모형: **metan** n_1 M_1 SD_1 n_2 M_2 SD_2, hedges randomi

b. 상관계수로 계산된 효과크기

Fisher's z 무선효과모형: **metan** Z_r se, randomi

c. 이분형 변수를 사용하여 2×2 교차표로 제시된 값으로 계산된 효과크기(개별 연구의 효과크기)

Relative Risk Ratio 고정효과모형: **metan** E_1 NE_1 E_2 NE_2, RR fixedi

Odds Ratio 무선효과모형: **metan** E_1 NE_1 E_2 NE_2, or

■ Stata 실행 명령문의 각 효과크기별 입력변수를 정리하면 아래의 표와 같다.

효과크기 형태	자료 형태	입력변수 수	입력변수
Cohen's d Hedges's g	• 독립변수(IV):이분형 • 종속변수(DV): 연속형	6	집단1의 총 표본수 집단1의 평균 집단1의 표준편차 집단2의 총 표본수 집단2의 평균 집단2의 표준편차
Fisher's z	• IV: 연속형 • DV: 연속형	2	효과크기 표준오차(효과크기 분산의 제곱근)
Risk Ratio Odds Ratio	• IV:이분형 • DV: 이분형	6	실험집단의 사건발생한 표본수 실험집단의 사건발생하지 않은 표본수 통제집단의 사건발생한 표본수 통제집단의 사건발생하지 않은 표본수

② 고정효과 가중회귀 메타분석 및 무선효과 메타 회귀분석 명령어 예

고정효과 가중회귀 메타분석: **vwls** 효과크기 X_1 X_2 X_3, sd(표준오차값)

무선효과 메타 회귀분석: **metareg** 효과크기 X_1 X_2 X_3, wsse(표준오차값) 혹은 wsvar(분산값)

③ 이질성 검증을 위한 그래프분석 명령어 예

metafunnel 효과크기 표준오차

④ 출판 편의의 진단을 위한 통계적 검정과 그래프 명령어 예

metabias 효과크기 표준오차, egger graph

3장

효과크기

1. 효과크기란

동일한 주제의 선행연구들의 결과가 t검증, 교차분석, 분산분석, 상관분석 등 다양한 통계값의 형태로 제시되기 때문에, 메타분석을 통해 그 결과값들을 통합하기 위해서는 이들 서로 다른 척도와 분석방법으로 도출된 결과 통계값들을 표준화하여 공통된 단위로 만들어야 한다. 이들 여러 통계값들의 표준화된 값을 효과크기(Effect Size)라 하며, 효과크기는 메타분석을 가능하게 하는 값이 된다. 효과크기는 서로 다른 측정도구를 사용하여 도출된 결과 값을 비교하기 위해 사용되는 표준점수(z)와 비교할 수 있는데, 통제집단의 평균을 '0', 표준편차를 '1'로 변환시켰을 경우, 효과크기는 실험집단과 통제집단의 평균점수의 차이에 해당하는 z값과 동일하다(박세훈·오승희, 2003).

효과크기를 표현하는 방식에는 각각의 연구상황에 따라 여러 가지 방식이 존재하는데, Cohen's d와 Hedges's g로 대표되는 두 집단 간 표준화된 평균차이(Standardized Difference between Two Means)와 Pearson's r로 계산되는 두 변수 간 표준화된 관련의 정도(Standardized Measure of the Relative Size of the Association)로 효과크기를 계산한다. 불연속 변수로 구성된 자료의 경우는 주로 상대위험비(Relative Risk Ratio)와 승산비(Odds Ratio) 등으로 효과크기를 정의한다.

2. 효과크기의 해석

메타분석에서는 효과크기를 다음과 같이 설명하는데(Cohen, 1977), 효과크기 d=.8을 큰 효과크기로, 효과크기 d=.5를 보통의 효과크기로, 효과크기 d=.2를 작은 효과크기를 가지는 것으로 해석한다. 상관계수의 r의 경우 r=.37은 큰 효과크기, r=.24는 중간 정도의 효과크기, r=.1은 작은 효과크기로 해석하며, 결정계수(R^2)는 13.8%를 큰 효과크기, 5.9%를 중간 정도의 효과크기, 1%를 작은 효과크기로 해석한다(Lipsey & Wilson, 2001). 승산비의 경우, 4.3은 큰 효과크기를, 2.5는 중간 정도의 효과크기를, 1.5는 작은 효과크기를 의미한다(오성삼, 2002).

구분	d	r	R^2	Odds Ratio
큰 효과크기	.8	.371	.138	4.3
중간 정도 효과크기	.5	.243	.059	2.5
작은 효과크기	.2	.100	.010	1.5

3. 효과크기 vs. 유의확률(p-value)

사회과학분야 학술논문의 통계적 유의도 검정(Null Hypothesis Statistical Test, NHST)에 지나치게 의존한 결과해석 방법은 분석에 요구되는 유의도 수준을 충족하기 위해 연구자는 표본의 수를 증가시키는데 집중하는 부적절한 연구 관행을 초래했다. 메타분석의 시작이 통계적 유의성의 한계에서 출발하였다(Glass, 1999; 장덕호·신인수, 2011)는 지적과 같이 메타분석의 핵심 분석값인 효과크기는 유의도 검정과는 차별되게 표본 수의 영향을 받지 않는 값으로, 유의도 검정방법이 가지는 표본 수가 적은 연구의 낮은 통계적 검정력 문제를 가지지 않는 통계값이다.

효과크기와 유의확률을 비교한 아래의 예(Rosenthal, 1983: 5)를 보면,

$$Smith's\ study: n = 80, t = 2.21, p < .05, d = .50, r = .24$$
$$Jones's\ study: n = 20, t = 1.06, p > .30, d = .50, r = .24$$

Smith의 연구는 유의한 결과를 가져온 반면, Jones의 결과는 유의하지 않았다. 하지만, 두 연구의 효과크기는 동일하므로 Smith의 연구를 재검증하는 것에 실패했다고 언급한 Jones의 결론은 잘못된 것이었다. 두 연구는 표본크기의 차이로 유의확률이 달라졌을 뿐 동일한 효과크기를 가진 연구임을 알 수 있다.

기존 연구의 유의도 검정의 문제점, 즉 표본크기에 따른 검정통계량과 유의확률의 변화를 다음의 예를 통해 설명하고자 한다.

만약 두 변수 간 상관의 정도를 나타내는 값 $r=.2$일 때, 표본크기(n)가 50명, 100명, 그리고 300명인 경우의 유의확률 값의 변화를 아래의 상관계수($\rho=0$)에 대한 검정 통계량 t의 계산식을 이용하여 구하면 다음과 같다.

$$t = r\sqrt{\frac{n-2}{1-r^2}}$$

r=.2; n=50; $t = .2\sqrt{\frac{50-2}{1-.2^2}} = 1.41$; p=.1638 (유의하지 않음)

r=.2; n=100; $t = .2\sqrt{\frac{100-2}{1-.2^2}} = 2.02$; p=.046*($\alpha=.05$ 수준에서 유의함)

r=.2; n=300; $t = .2\sqrt{\frac{300-2}{1-.2^2}} = 3.52$; p=.0005***($\alpha=.001$수준에서 유의함)

표본의 수가 50일 때, t=1.41이며 유의확률은 .1638로 두 변수 간 상관은 유의하지 않은 것으로 결론 내리게 되고, 표본의 수가 각각 100과 300일 때, t값은 2.02와 3.52이고, 유의확률은 $p=.046$과 $p=.0005$로 두 변수 간 상관은 $\alpha=.05$와 $\alpha=.001$ 수준에서 유의하다고 결론 내린다. 이와 같이 검정 통계량과 유의확률은 표본크기에 의해 좌우됨을 알 수 있다.

표본의 크기에 따라 결정되는 유의확률을 통해 제공되는 정보는 단순히 집단의 차이 혹은 변수 간 관련이 '0'인지 아닌지에 대한 것이며, 집단 차이의 크기 혹은 변수 간 관련의 크기를 파악할 수는 없다. 즉, 유의확률 $p=.001$이면, 두 집단 간의 차이가 큰 것처럼 보이지만, 표본이 매우 큰 경우에는 중간 정도 혹은 작은 정도의 집단차이를 의미하며, 반대로 유의확률 p=.06은 두 집단 간 차이가 없는 것으로 결론내리지만, 만약 표본의 크기가 아주 작다면 이는 집단 간의 차이가 큰 것으로 판단되기 때문이다. 이러한 이유로, 효과크기를 이용한 분석방법인 메타분석이 연구의 유의도에 따라 분석결과값이 결정되어지는 전통적인 투표식 문헌고찰방법을 대신하게 된 것이다.

4장
효과크기의 계산

1. 효과크기의 계산

효과크기를 계산하는 방식은 크게 다음의 세 가지 방법으로 요약되는데, 표준화된 평균차이의 효과크기, 상관계수의 효과크기, 그리고 승산비의 효과크기로 나눌 수 있다. 각기 다른 효과크기의 자세한 내용은 다음과 같다.

첫째, 표준화된 평균차이 값(Standardized Mean Difference)으로 계산되는 효과크기인 Cohen's d와 Hedges's g이다. 두 집단의 평균값의 차이로 계산되는 효과크기로 실험연구의 처치효과(Treatment Effect)를 의미하며, 실험집단과 통제집단의 평균, 표준편차 및 표본 수를 이용하여 측정된다.

둘째, 표준화된 관련의 정도를 나타내는 상관계수 값(Pearson's r)으로 제시되는 효과크기이다. 메타분석에 포함된 연구들의 상관계수를 사용하여 통합 효과크기 값을 계산할 때, Pearson's r 값의 분산이 정규분포하지 않기 때문에 이를 표준화시킨 Fisher's

z값으로 변환하여 분석한다.

셋째, 이분형 변수를 사용하여 2×2 교차표로 제시된 결과값을 토대로 하는 상대위험비와 승산비의 효과크기이다. 상대위험비와 승산비는 메타분석을 통해 통합 결과값으로 병합될 때 효과크기가 과장되는 것을 막기 위해 로그값으로 변환되는 과정을 거친다.

각 유형에 따른 효과크기를 산출하는 구체적 방법은 다음과 같다.

가. 집단 간 표준화된 평균차이로 계산된 효과크기

표준화된 평균차이 효과크기는 메타분석에 포함된 연구가 두 집단(예. 실험군과 대조군)의 종속변수(연속변수)값의 차이를 분석하는 경우 사용되는 방법이다. 두 집단의 평균값을 표준편차(비교집단의 표준편차 혹은 통합추정치)로 나눈 값으로 표준화시킨 후 병합하여 계산한 효과크기를 통해 실험효과를 검증하는 것이다. 동일한 변수를 개별 연구들이 다른 측정 도구를 사용하였거나 서로 다른 단위로 측정되어 분석된 결과값이지만, 표준화된 수치(표준편차 단위 값)로 계산되었기 때문에 상호 비교와 종합이 가능하게 된다. 메타분석에서는 효과크기와 함께 효과크기의 분산값이 계산되어야 하는데 이는 효과크기를 종합할 때 분산에 따라 개별 연구의 가중치가 달라지기 때문이다.

① 효과크기 Glass's ES_{sm}

Glass(1976)가 제시한 통제집단의 표준편차를 이용한 집단 간 표준화된 평균차이의 효과크기(ES_{sm})의 계산 공식은 다음과 같다.

$$Glass's\ ES_{sm} = \frac{\overline{X}_{Experiment} - \overline{X}_{Control}}{SD_{Control}}$$

메타분석에 포함된 여러 개별 연구들은 동일한 변수를 다양한 척도를 가진 측정도구를 사용하여 측정한다. 따라서, 두 집단의 평균의 차이를 표준편차 값으로 나누어 줌으로 통일된 단위를 가진 표준화된 평균차이 값으로 효과크기를 계산하는 것이다. 이들 효과크기를 통해 연구 간 집단차이를 서로 비교하고 효과크기들의 평균을 도출함으로 연구들의 분석결과값을 요약하고자 한다. 이때 연구별 평균의 차이를 통제집단의 표준편차를 이용하여 동일한 단위를 가진 값으로 변환하는 것이 Glass가 제시한 효과크기이다.

② 효과크기 Cohen's d

a. 독립표본(Independent Sample)의 경우

초기의 메타분석에서는 앞서 설명된 Glass의 효과크기, 즉 표준화된 평균차이 값을 계산하기 위해 통제집단의 표준편차 값을 사용한 효과크기를 사용하였지만, 현재는 통제집단의 표준편차 대신에 두 집단의 표준편차를 통합한 값인 통합표준편차(Pooled

Standard Deviation)를 사용하여 효과크기를 계산한다. 독립표본을 가진 두 집단 연구(Two-group Analysis)의 대표적인 효과크기인 Cohen's *d* 값을 구하는 공식은 다음과 같다(Cohen, 1977).

$$Cohen's\ d = \frac{\overline{X_1} - \overline{X_2}}{S_{pooled}}$$

이때, 두 집단의 표준편차를 통합하는 통합표준편차(S_{pooled})는 다음의 공식으로 계산된다.

$$S_{pooled} = \sqrt{\frac{(n_1 - 1)(S_1)^2 + (n_2 - 1)(S_2)^2}{n_1 + n_2 - 2}}$$

Cohen's *d*로 계산된 표준화된 평균차에 의한 효과크기를 산출할 때 주의해야 할 점은 표본의 수가 작은 경우, 분모가 작아지므로 효과크기가 실제 값보다 커지는 왜곡된 값을 가진다는 점이다. 따라서 대부분의 메타분석에서는 표본 수가 작은 경우에도 적용 가능한 효과크기인 Cohen's *d*의 불편 추정치(Unbiased Estimate) Hedges's *g*값을 사용하고 있다. 이는 다음 절에서 설명된다.

한편, 메타분석에서는 효과크기 외에 연구별 가중치를 부여하기 위한 효과크기의 분산이 반드시 계산되어야 하는데, Cohen's *d*의 분산의 계산은 다음의 공식을 따른다.[1]

1 Stata 프로그램의 계산식과 조금 차이가 나는데, Stata에서 Cohen's *d*의 분산은 $V_d = \frac{n_1 + n_2}{n_1 n_2} + \frac{d^2}{2(n_1 + n_2 - 2)}$ 로 계산된다(Sterne, 2009).

$$V_d = \frac{n_1 + n_2}{n_1 n_2} + \frac{d^2}{2(n_1 + n_2)}$$

b. 대응표본(Paired Sample)의 경우

대응표본 설계에서의 표준화된 평균차이(d_{paired})는 다음의 식과 같이 계산되며,

$$d_{paired} = \frac{\overline{Y_1} - \overline{Y_2}}{S_{within}}$$

이때 집단 내 표준편차(Standard Deviation Within Group) S_{within}의 계산식은 다음과 같다.

$$S_{within} = \frac{S_{diff}}{\sqrt{2(1-r)}}$$

이때, S_{diff}는 차이값의 표준편차(Standard Deviation of the Difference)를 의미한다.

가중치 부여를 위한 대응표본의 효과크기(d_{paired})의 분산을 계산하는 식은 다음과 같다.

$$V_{d_{paired}} = \left(\frac{1}{n} + \frac{d^2}{2n}\right) 2(1-r)$$

③ 효과크기 Hedges's g

Hedges & Olkin(1985)은 Cohen's d가 작은 표본에서 가지는 문제점을 개선하기 위해 효과크기 Cohen's d를 교정하는 방법을 제시하였다. Hedges's g로 도출된 효과크기는 표본의 크기가 5인 경우에도 왜곡되지 않는 최소분산불편추정량으로 간주된다.

효과크기 Cohen's d의 불편추정치 Hedges's g는 다음과 같이 계산된다.

$$Hedges's\,g = J \times \frac{(\overline{X_1} - \overline{X_2})}{S_{pooled}} = J \times d \quad S_{pooled} = \sqrt{\frac{(n_1-1)(S_1)^2 + (n_2-1)(S_2)^2}{n_1+n_2-2}}$$

이때, 교정치로 사용된 상수 J는 다음의 식으로 정의되며,

$$J = 1 - \frac{3}{4(n_1+n_2-2)-1}$$

Hedges's g의 분산은 다음과 같이 계산된다.

$$V_g = J^2 \times \left(\frac{n_1+n_2}{n_1 n_2} + \frac{d^2}{2(n_1+n_2)}\right) = J^2 \times V_d$$

■ 효과크기 Hedges's g 계산 예

만약 어느 한 연구에서 디지털 교과서로 수업받은 중학생 50명의 평균 사회점수가 89점, 표준편차는 13점으로 제시되었고, 전통적 서책형 교과서로 수업받은 중학생 55명의 평균 사회점수가 87점, 표준편차는 16점으로 보고되었을 때 효과크기와 분산을 계산하

면 다음과 같다.

$$S_{pooled} = \sqrt{\frac{(50-1)(13)^2+(55-1)(16)^2}{50+55-2}} = 14.6496$$

효과크기:

$$Hedges's\ g = \left(1-\frac{3}{4(50+55-2)-1}\right)\times\frac{(89-87)}{14.6496} = .9927\times.1365 = .1355$$

분산: $V_{Hedges} = .9927^2\times\left(\frac{50+55}{50\times55}+\frac{.1355^2}{2(50+55)}\right) = .0383$

두 집단의 표준화된 평균 차이는 .1355로 작은 수준의 효과크기를 가지므로, 학생들의 사회 성적에 있어 디지털 교과서 수업과 서책형 교과서 수업방식의 차이가 크지 않음을 알 수 있다.

나. 상관계수로 계산된 효과크기

① 효과크기 Pearson's r

상관계수란 두 연속변수 사이의 관계의 정도를 지수로 나타낸 것을 말하는데, 일반적으로 Pearson의 적률상관계수(Product-moment Correlation Coefficient)로 불리는 'r'로 표기한다. 상관계수는 두 변수 간 표준화된 관련의 정도를 나타내는 효과크기이며, 메타분석에서 변수 간 관련을 분석한 연구물들의 결과값을 통합하는 데 사용된다.

상관연구를 통해 계산된 효과크기의 분산은 아래와 같다.

$$V_r = \frac{(1-r^2)^2}{n-1}$$

하지만, 이 Pearson's r 효과크기는 분산의 분포가 상관계수값의 영향을 많이 받아 아래의 〈그림 4〉에서 보는 것처럼 상관계수 r의 값이 1에 가까울수록 효과크기의 분산이 작아지는 한쪽으로 치우친 편포(Skewed Distribution)를 가진다. 따라서 Pearson's r 값을 사용하여 메타분석을 수행할 때 〈그림 5〉에서 보여지는 것처럼 정상분포하는 분산값을 가지는 Fisher's $z(Z_r)$ 값으로 표준화시킨 값으로 변환시킨 효과크기를 사용하여 분석하여야 한다.

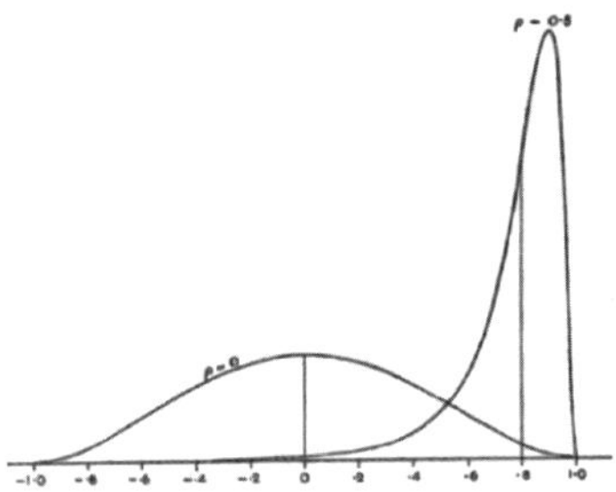

〈그림 4〉 ρ=0일 때와 ρ=.8일 때 r의 표본분포(n=8)

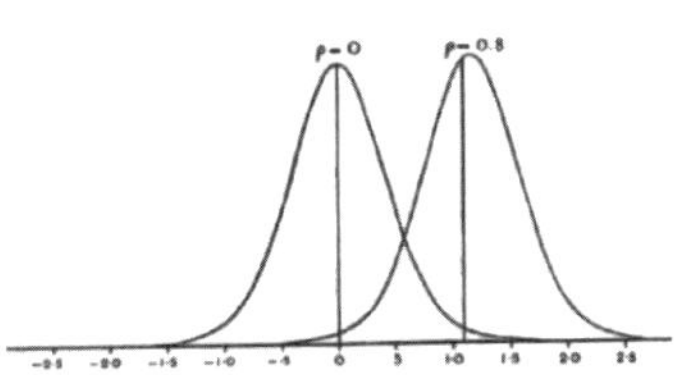

〈그림 5〉 ρ=0일 때와 ρ=.8일 때 Z_r의 표본 분포(n=8)

② Fisher's z의 계산

효과크기 Pearson's r을 Fisher가 제시한 z값(Fisher's z, Z_r)으로 변환하는 방법과 가중치를 부여하기 위해 요구되는 변환된 Z_r값의 분산은 다음과 같이 계산된다.

$$Fisher's\ z = .5 \times \ln\left(\frac{1+r}{1-r}\right)$$

$$Fisher's\ z\text{의 분산: } V_{z_r} = \frac{1}{n-3}$$

■ Fisher's z 계산 예

서울시에 거주하는 500명의 성인 응답자들의 월수입액과 삶의 만족도 점수 간의 상관계수가 .5로 보고되었을 때, 본 연구의 두 변수 간 상관의 정도를 보여 주는 효과크기 및 분산은 다음과 같다.

$$\text{효과크기: } Z_r = .5 \times \ln\left(\frac{1+r}{1-r}\right) = .5 \times \ln\left(\frac{1+.5}{1-.5}\right) = .5493$$

$$\text{분산: } V_{z_r} = \frac{1}{n-3} = \frac{1}{500-3} = .002$$

두 변수 간 관련의 정도가 .549로 큰 효과크기를 가지므로, 월수입이 응답자의 삶의 만족도에 큰 영향을 미치는 것을 알 수 있다.

여러 연구로부터의 효과크기 r값을 병합하는 방법은 우선 개별 r값을 Fisher's z로 변환한다. 계산된 Fisher's z값들을 병합하여 평균값(Z_r)을 구한 다음, 평균 Fisher's z값을 원래의 r값으로 되돌려 최종 효과크기의 통합추정치를 구한다. 메타분석에서는 개별 연구의 분석 결과값(예. 상관계수 r)을 병합하여 평균 효과크기를 구할 때 각 연구의 정확도(Precision)를 바탕으로 가중치를 다르게 부여하여 평균값을 계산하는데, 이와 관련해서는 6장을 참고하기 바란다.

연구	r	r을 Z_r값으로 변환
Study 1	r_1	Z_{r1}
Study 2	r_2	Z_{r2}
Study 3	r_3	Z_{r3}
		평균 Z_r

⇨ 평균 Z_r값을 통합 효과크기 r로 변환

■ 상관계수로 계산된 효과크기 계산 예

효과크기 평균값을 계산하는 절차를 예를 들어 설명하면 다음과 같다. 여기서는 가중치를 부여하지 않고 계산되었는데, 본 예에서 시연되는 것처럼 메타분석에서 가중치를 부여하지 않고 평균값을 도출하는 경우는 거의 없음을 명심하여야 한다.

아래와 같이 6개의 연구물이 메타분석을 위해서 사용되었다. 첫 번째 연구의 두 변수 간 관련의 정도로 도출된 분석 결과값 Pearson r값이 .20이므로, 이를 표준화시킨 Z_r값은 $Z_r = .5 \times \ln\left(\frac{1+r}{1-r}\right) = .5 \times \ln\left(\frac{1+.2}{1-.2}\right) = .2027$이 된다. 나머지 5개의 연구결과값을 아래에서 정리된 값으로 변환시킨 후 평균을 구하면, 평균 $Z_r = \frac{.2027 + .5493 + \ldots + .4001}{6} = .4953$으로 계산된다.

연구	r	r을 Z_r값으로 변환
Study 1	.20	.2027
Study 2	.50	.5493
Study 3	.42	.4477
Study 4	.45	.4847
Study 5	.71	.8872
Study 6	.38	.4001
		평균 Z_r= .4953

⇨ 평균 Z_r값을 통합 효과크기 r 로 변환 r= .4584

이후 평균 Z_r값을 r값으로 되돌려진 값으로 최종 효과크기의 통합추정치를 제시해야 한다. Fisher's z값을 상관계수 r값으로 변환하는 공식은 다음과 같다.

$$r = \frac{e^{2z_r} - 1}{e^{2z_r} + 1} = \frac{e^{(2 \times .4953)} - 1}{e^{(2 \times .4953)} + 1} = .4584$$

Fisher's z값이 .4953이면 r값은 .4584로 계산되므로, 6개 연구물의 통합 효과크기는 .4584로 큰 효과크기를 가지므로, 두 변수 간 관련의 정도가 높음을 알 수 있다.

다. 이분형 변수를 사용한 2×2 교차표를 통해 계산된 효과크기

처치효과의 검증을 위한 실험연구뿐 아니라 프로그램의 효과에 대한 평가연구가 증가하고 있는데, 실험이나 평가의 결과는 일반적으로 처치집단과 비교집단의 수치를 비교하는 자료로 교차표의 형식으로 제시된다. 메타분석에서 두 개의 이분형 변수를 사용하여 분석한 연구의 2×2 교차표 결과값을 통해 처치집단과 비교집단의 소속과 사건발생 여부 간의 관계를 확인하는 대표적인 효과크기로 상대위험비와 승산비가 있다.

개별 연구의 2×2 교차표를 통해 추정된 효과크기인 상대위험비와 승산비는 로그상대위험비(Log Relative Risk Ratio)와 로그승산비(Log Odds Ratio) 값으로 변환되어 메타분석에 사용된다. 앞서 설명된 상관계수로 계산된 효과크기의 경우와 마찬가지로, 분석에 포함된 전체 연구의 통합 효과크기는 로그로 변환된 효과크기 값들의 평균을 통해 산출되며 이후 원래의 값인 상대위험비와 승산비로 다시 되돌려진 값으로 최종 통합된 효과크기가 보고되어야 한다.

상대위험비와 승산비로 계산되는 효과크기 도출 방법은 다음과 같다.

① 상대위험비(RRR)

2×2 교차표 자료를 이용하여 상대위험비를 다음과 같이 계산한다.

구분	발생	발생하지 않음	표본수
실험집단	A	B	n_1
비교집단	C	D	n_2

$$RRR = \frac{\frac{A}{n_1}}{\frac{C}{n_2}}$$

메타분석에서 상대위험비로 계산된 개별 연구의 효과크기들의 통합 효과크기를 구하기 위해서는 반드시 로그값으로 변환하는 과정을 거쳐야 하는데, 이는 과장된 상대위험비값의 도출을 막기 위함이다. 예를 들어, 각기 다른 연구 1과 연구 2가 있는데, 연구1은 A집단의 위험비가 B집단의 2배이고, 연구 2는 B집단의 위험비가 A집단의 2배라면, 이 두 연구의 평균 효과크기는 0이 되어야 한다. 하지만, 아래의 표에서 보는 것처럼 두 연구의 평균 상대위험비 효과크기가 1.25로 과장된 값을 제시하기 때문이다. 이때, 상대위험비를 로그 변환하여 평균값을 계산하면 0이 되는 것을 알 수 있다(Borenstein et al., 2009).

연구	RRR	RRR to Log RRR
Study 1	.5	ln .5 = −.693
Study 2	2.0	ln 2.0 = +.693
평균값	1.25	0

가중치 부여를 위한 로그 변환된 상대위험비의 분산은 다음의 공식을 통해 계산된다.

$$V_{LogRRR} = \frac{1}{A} - \frac{1}{n_1} + \frac{1}{C} - \frac{1}{n_2}$$

■ 상대위험비의 계산 예

부모의 마약복용 경험과 자녀의 마약복용 여부 간의 연관성을 검증하는 한 연구의 결과로 아래와 같은 2×2 교차표가 도출되었다.

구분	자녀 마약복용	자녀 마약복용하지 않음	표본 수
부모 마약복용	A (8)	B (9)	n_1 (17)
부모 마약복용하지 않음	C (10)	D (25)	n_2 (35)

이때, 상대위험비는 아래와 같이 계산되고

$$RRR = \frac{\frac{A}{n_1}}{\frac{C}{n_2}} = \frac{\frac{8}{17}}{\frac{10}{35}} = 1.6471$$

이를 로그값으로 변환시켜 효과크기와 그 분산을 계산하면 다음과 같다.

$$LogRRR = \ln(1.6471) = .4990$$

$$V_{LogRRR} = \frac{1}{A} - \frac{1}{n_1} + \frac{1}{C} - \frac{1}{n_2} = \frac{1}{8} - \frac{1}{17} + \frac{1}{10} - \frac{1}{35} = .1376$$

② 승산비(OR)

승산비란 아래 제시된 표와 같이 2×2 교차표의 빈도수에 근거한 것으로 마약을 복용하지 않는 부모의 자녀가 마약을 복용하게 되는 확률에 비해 마약복용 경험이 있는 부모의 자녀가 마약을 복용할 확률의 상대적 비율을 말한다. 승산비를 통한 효과크기의 산출은 아래의 공식에 의해 계산된다. 위에서 설명된 상대위험비와 동일한 이유로 교차표 자료를 통해 도출된 승산비를 로그변환한 후 통합 효과크기를 산출한다.

■ 승산비의 계산 예

구분	자녀가 마약복용	자녀가 마약복용하지 않음
부모가 마약복용	A (8)	B(9)
부모가 마약복용하지 않음	C (10)	D(25)

$$OR = \frac{AD}{BC} = \frac{8 \times 25}{9 \times 10} = 2.2222$$

교차표를 통해 계산된 승산비는 2.22로 중간 정도의 효과, 즉 부모의 마약 경험이 자녀의 마약복용 여부에 영향을 미침을 알 수 있다. 로그값으로 변환된 값과 가중치를 부여하기 위한 분산의 계산식은 다음과 같다.

$$Log\,OR = \ln(2.2222) = .7985$$

$$V_{Log\,OR} = \frac{1}{A} + \frac{1}{B} + \frac{1}{C} + \frac{1}{D} = \frac{1}{8} + \frac{1}{9} + \frac{1}{10} + \frac{1}{25} = .3761$$

상대위험비의 경우와 동일하게 개별 연구들의 효과크기 승산비를 병합할 때는 우선 개별 연구의 분석된 승산비를 로그 변환한다. 이들 로그 승산비를 병합하여 평균값을 구한 다음, 원래의 승산비로 되돌린 값으로 최종 효과크기의 통합추정치를 보고해야 한다.

연구	OR	OR을 $Log\,OR$로 변환
Study 1	OR_1	$\ln OR_1$
Study 2	OR_2	$\ln OR_2$
Study 3	OR_3	$\ln OR_3$
		평균 $Log\,OR$

⇨ 평균 $Log\,OR$값을 통합 효과크기 OR로 변환

로그승산비를 승산비로 되돌리는 공식은 다음과 같다. 예를 들어, 평균 로그 승산비값이 .5로 계산되었다면 승산비는 1.6487이 된다.

$$OR = e^{Log\,OR} = e^{.5} = 1.6487$$

따라서 마약복용의 경험이 있는 부모를 둔 자녀는 그렇지 않은 부모를 가진 자녀보다 마약을 복용할 가능성이 64.87% 더 높은 것을 알 수 있다.

2. 통계값을 효과크기로 변환

메타분석을 위해 수집된 논문 중에는 연구결과가 평균 및 표준편차, 상관계수 혹은 교차표 형식으로 보고되지 않고 t, F, χ^2값

과 같은 통계적 검증 결과값이 제시된 경우가 대부분이다. 이 경우, 앞서 설명된 효과크기의 산출방법을 적용할 수가 없으므로 별도의 변환과정, 즉 논문들에 제시된 여러 통계값들을 표준화된 효과크기의 값으로 변환하는 공식들이 연구되었다. 이 장에서는 개별 연구의 통계적 분석결과 값 t, F, χ^2값을 대표적인 효과크기인 Cohen's d와 Pearson's r로 환산하는 방법을 아래와 같이 정리하였다.

가. t값을 효과크기로 변환

① t값을 d값으로 변환

a. 독립표본(Independent Sample) t검정 통계값

독립된 두 집단의 평균차이 검정에서 활용되는 독립표본 t통계량은 Cohen's d를 통해 효과크기를 산출할 수 있다. 검정 통계량 t와 d값의 산출 공식을 비교하면 이 둘 간의 관계식을 도출해 낼 수 있다.

선행연구 결과에서 수집된 정보가 실험집단과 비교집단 사례수와 독립표본 t검정 결과로 나온 결과값 t일 때, 표준화시킨 효과크기 Cohen's d로 변환하는 계산식은 다음의 과정을 거쳐 도출된다.

독립표본 t검정통계량은 다음과 같이 산출되고

$$t = \frac{\overline{X_1} - \overline{X_2}}{S_{Pooled}\sqrt{\frac{1}{n_1} + \frac{1}{n_2}}}$$

효과크기 d의 계산식은 $d_{Cohen} = \frac{\overline{X_1} - \overline{X_2}}{S_{pooled}}$이므로,

t와 d의 관계는 다음과 같다.

$$t = \frac{d}{\sqrt{\frac{1}{n_1} + \frac{1}{n_2}}}$$

위의 공식을 이용하여, 분석결과 값 t를 아래와 같이 효과크기 d로 변환할 수 있게 된다.

$$d = t\sqrt{\frac{1}{n_1} + \frac{1}{n_2}}$$

예 심리치료와 우울증과의 관계를 연구한 논문에서 심리치료를 받은 응답자 50명과 심리치료를 받지 않은 응답자 30명의 우울의 정도를 독립표본 t검증방법으로 분석하였더니 t값이 2.5로 제시되었다. 이를 메타분석을 위한 효과크기 d값으로 변환하면 다음과 같다.

$$d = t\sqrt{\frac{1}{n_1} + \frac{1}{n_2}} = 2.5\sqrt{\frac{1}{50} + \frac{1}{30}} = .5774$$

값 2.5에 대한 효과크기 d값이 .5774로 우울의 정도에 있어서 심리치료의 효과는 중간 정도의 크기를 가짐을 알 수 있다.

b. 대응표본(Dependent Sample) t검정 통계값

짝지어진 표본설계(Paired/Matched Sample Design)로 이루어진 대응표본 t검증의 경우, 분석결과값을 짝지어진 측정치들 간의 상관을 고려하지 않고 독립표본 t검증값과 동일하게 효과크기로 변환된다면 효과크기는 과대추정된다(Dunlap et al., 1996). 하지만, 대응표본으로 연구된 대부분의 논문에서 짝지어진 집단의 측정값 간의 상관계수가 보고되지 않는 경우가 많으므로, 이들 연구를 메타분석에 포함시키기 위해서는 논문의 교신저자로부터 관련 정보를 수집해야 한다. 만약 수집하지 못할 경우에는 해당 논문을 분석에서 제외시켜야 한다.

대응표본 t검증값은 다음의 식을 통해 효과크기 d값으로 변환된다.

$$d = t\sqrt{\frac{2(1-r)}{n}}$$

예 응답자 50명의 배우자 사망 스트레스와 우울증과의 관계를 연구한 논문에서 배우자 사망 전과 사망 후의 우울의 정도를 대응표본 t검증방법으로 분석하였더니 두 측정값의 상관(r)은 .6이었고, t값은 4.5로 계산되었다. 위의 공식을 이용하여 계산된 효과크기 d는 다음과 같다.

$$d = t\sqrt{\frac{2(1-r)}{n}} = 4.5 \times \sqrt{\frac{2(1-.6)}{50}} = .5692$$

즉, t값 4.5에 대한 표준화된 평균 차이를 의미하는 효과크기 d는 .5692로 배우자 사망이 우울의 정도에 미치는 영향의 크기는 중간 정도라고 결론 내린다.

② t값을 r값으로 변환

독립표본 검정값 t를 상관의 정도를 나타내는 효과크기 r값으로 변환시켜야 하는 경우, 상관계수 $\rho = 0$에 대한 검정 통계량 t의 계산식으로부터 다음과 같은 변환식이 도출된다.

$$t = r\sqrt{\frac{N-2}{1-r^2}} \text{ 로부터, } r = \sqrt{\frac{t^2}{t^2 + df_{within}}}, \; df_{within} = n-2$$

따라서 연구결과로 제시된 정보인 t값과 두 집단 표본 수로 효과크기 r을 계산해 내는 것이다.

예 심리치료와 우울증과의 관계를 연구한 논문에서 심리치료를 받은 응답자 50명과 심리치료를 받지 않은 응답자 30명의 우울의 정도를 독립표본 t검증방법으로 분석하였더니 t값이 2.5로 제시되었다. 본 연구의 효과크기 r은 다음과 같다.

$$\text{효과크기 } r = \sqrt{\frac{t^2}{t^2 + df}} = \sqrt{\frac{2.5^2}{2.5^2 + (50+30-2)}} = .2724$$

즉, 우울의 정도에 있어 심리치료는 중간 정도의 효과를 가진다고 말할 수 있다.

나. F값을 효과크기로 변환

① 두 집단 간 분산분석 결과값의 경우

a. F값을 d값으로 변환

분석대상이 된 선행연구 결과로 두 집단 간 일원분산분석 F 검정 결과값이 보고된 경우에는 다음의 공식을 적용하여 효과크기를 구할 수 있다. 위의 t에 대한 효과크기 d로의 변환식 $d = t\sqrt{\frac{1}{n_1}+\frac{1}{n_2}}$ 에서 t대신 $\sqrt{F}$를 대입하면 통계량 F에 대한 효과크기 d가 계산된다.

$$d = \sqrt{F\left(\frac{1}{n_1}+\frac{1}{n_2}\right)}$$

예 경제활동에 참가하고 있는 노인 50명과 참가하지 않는 노인 100명의 삶의 만족도를 일원분산분석(One-way ANOVA)으로 검증한 결과 F값이 25.5로 보고되었다. 앞의 공식을 이용하여 $F_{(1,148)}$=25.5를 표준화된 집단차이 d값으로 변환하면 효과크기 d는 .87로 노인의 경제활동 참여는 삶의 만족에 큰 효과를 가짐을 알 수 있다.

$$d = \sqrt{F\left(\frac{1}{n_1}+\frac{1}{n_2}\right)} = \sqrt{25.5\left(\frac{1}{50}+\frac{1}{100}\right)} = .8746$$

b. F값을 r값으로 변환

F값에 대한 효과크기를 계산하기 위하여 위의 t에 대한 r변환식 $r=\sqrt{\frac{t^2}{t^2+df_{within}}}$에서 $F=t^2$을 대입하면, 통계량 F에 대한 효과크기 r이 계산된다.

$$r=\sqrt{\frac{F}{F+df_{within}}} \qquad df_{within}=n_1+n_2-2$$

예 노인의 종교활동 여부에 따른 삶의 만족도의 차이를 연구하기 위해, 종교단체에 가입된 노인 50명과 가입되지 않은 노인 100명의 삶의 만족도를 조사하였다. 일원분산분석 결과 F값이 25.5로 보고되었다. 메타분석을 위해 상관계수 r값으로 변환된 효과크기는 다음과 같다.

$$r=\sqrt{\frac{F}{F+df_{within}}}=\sqrt{\frac{25.5}{25.5+(50+100-2)}}=.3834$$

종교활동은 노인들의 삶의 만족을 증진시키는 효과가 큰 것을 알 수 있다.

② 세 집단 이상의 분산분석 결과값의 경우

세 집단 이상의 차이검증 F값이 제시된 경우, 집단별 평균과 표본크기를 이용하여 두 집단 간 차이 F값을 계산한 후, d나 r값으로 변환하여야 한다. 예를 들어, 네 개의 교육수준별 우울의 정도

평균과 표본의 크기가 아래의 표와 같고, 네 집단의 일원분산분석 결과값 $F_{(3,315)} = 6.825$이라면, 두 집단 차이 $F_{(1,317)}$값은 다음과 같이 계산할 수 있다.

	고졸	전문대졸	대졸	대학원졸
점수	1.8551	1.6818	1.4918	1.2759
n	207	22	61	29

우선, 아래와 같이 전체 평균을 계산한 후,

$$\overline{X}_{total} = \frac{\sum_{i=1}^{n}\overline{X}_i n_i}{\sum_{i=1}^{n} n_i} = \frac{(1.8551\times207)+(1.6818\times22)+(1.4918\times61)+(1.2759\times29)}{207+22+61+29} = \frac{549}{319} = 1.721$$

집단 간 제곱합 $SS_{between}$ 과 집단 간 평균제곱합 $MS_{between}$을 구하면 다음과 같다.

$$SS_{between} = \sum_{i=1}^{n}(\overline{X}_i - \overline{X}_{total})^2 n_i = (1.8551-1.721)^2\times207+\ldots+(1.2759-1.721)^2\times29 = 12.705$$

$$MS_{between} = \frac{SS_{between}}{J-1} = \frac{12.705}{3} = 4.235,\ J = \text{집단의 수}$$

주어진 $F_{(3,315)}$값을 이용해 집단 내 평균제곱합(MS_{within})을 다음과 같이 구할 수 있다.

$F_{(3,315)} = \frac{MS_{between}}{MS_{within}} = \frac{4.235}{MS_{within}} = 6.825$이므로, $MS_{within} = .621$이 된다.

이때, 집단 내 제곱합은

$SS_{within} = MS_{within}\times(N-J) = .621\times(319-4) = 195.464$가 된다.

따라서 총 제곱합은

$SS_{total} = SS_{between} + SS_{within} = 12.705 + 195.464 = 208.169$로 계산되어

진다.

위의 집단 내 제곱합(SS_{within})을 이용하여, 두 집단 간 $F_{(1,317)}$ 값은 각각 다음과 같이 계산된다.

a. 고졸학력 vs. 고졸학력이 아닌 집단의 두 집단 차이 검증 F값

고졸학력이 아닌 집단들의 평균값은

$$\overline{X}_{고졸아닌집단} = \frac{\sum_{i=1}^{n}\overline{X}_i n_i - \overline{X}_1 n_1}{\sum_{i=1}^{n} n_i - n_1} = \frac{549-(1.8551*207)}{319-207} = 1.473$$ 이므로,

집단 간 제곱합은

$$\sum_{i=1}^{n}(\overline{X}_i - \overline{X}_{total})^2 n_i = (1.8551-1.721)^2 \times 207 + (1.473-1.721)^2 \times 112 = 10.597$$ 이며,

두 집단 간 평균제곱합은 자유도가 1(J-1=2-1=1)이므로, 집단 간 제곱합과 동일한 값을 가진다.

고졸집단과 고졸 아닌 집단인 두 집단의 총 제곱합은 네 집단의 경우와 같은 값을 가지므로, 두 집단 내 제곱합은

$SS_{within} = SS_{total} - SS_{between} = 208.169 - 10.597 = 197.572$가 되고,

자유도는 N-J=319-2=317로 집단 내 평균제곱합은

$$MS_{within} = \frac{SS_{within}}{N-J} = \frac{197.572}{319-2} = .623$$ 이 된다.

따라서, 두 집단 간의 차이검증 $F_{(1,317)}$값은 다음과 같이 계산되며,

$$F_{(1,317)} = \frac{MS_{between}}{MS_{within}} = \frac{10.597}{.623} = 17.003$$

이를 효과크기 d와 r값으로 각각 변환하면 아래와 같다.

$$d = \sqrt{F\left(\frac{1}{n_1} + \frac{1}{n_2}\right)} = \sqrt{17.003\left(\frac{1}{207} + \frac{1}{112}\right)} = .484$$

$$r = \sqrt{\frac{F}{F + df_{within}}} = \sqrt{\frac{17.003}{17.003 + 317}} = .226$$

b. 전문대졸업 학력 vs. 전문대졸업 학력이 아닌 집단의 두 집단 차이 검증 F값

전문대졸학력이 아닌 집단들의 평균값 = $\frac{549 - (1.6818*22)}{319 - 22} = 1.724$

집단 간 제곱합

$$SS_{between} = (1.6818 - 1.721)^2 \times 22 + (1.724 - 1.721)^2 \times 297 = .036$$

집단 내 제곱합 $SS_{within} = 208.169 - .036 = 208.133$

$$F_{(1,317)} = \frac{.036/1}{208.133/317} = .055$$

$$d = \sqrt{F\left(\frac{1}{n_1} + \frac{1}{n_2}\right)} = \sqrt{.055\left(\frac{1}{22} + \frac{1}{297}\right)} = .052$$

$$r = \sqrt{\frac{F}{F + df_{within}}} = \sqrt{\frac{.055}{.055 + 317}} = .013$$

c. 대졸학력 vs. 대졸학력이 아닌 집단의 두 집단차이 검증 F값

대졸학력이 아닌 집단들의 평균값 = $\frac{549 - (1.4918*61)}{319 - 61} = 1.775$

집단 간 제곱합

$$SS_{between} = (1.4918 - 1.721)^2 \times 61 + (1.775 - 1.721)^2 \times 258 = 3.962$$

집단 내 제곱합 $SS_{within} = 208.169 - 3.962 = 204.207$

$$F_{(1,317)} = \frac{3.962/1}{204.207/317} = 6.151,\ d = .353,\ r = .138$$

d. 대학원졸업 학력 vs. 대학원졸업 학력이 아닌 집단의 두 집단 차이 검증 F값

대학원졸업 학력이 아닌 집단들의 평균값 =

$$\frac{549-(1.2759*29)}{319-29} = 1.766$$

집단 간 제곱합

$$SS_{between} = (1.2759-1.721)^2 \times 29 + (1.766-1.721)^2 \times 290 = 6.321$$

집단 내 제곱합 $SS_{within} = 208.169 - 6.321 = 201.848$

$$F_{(1,317)} = \frac{6.321/1}{201.848/317} = 9.927,\ d = .614,\ r = .174$$

다. χ^2값을 효과크기로 변환

① χ^2값을 d값으로 변환

두 개의 이분변수로 분석된 연구들이 2×2 교차표를 결과보고에 포함시키지 않고 두 불연속 변수 간 관계의 정도를 나타내는 카이자승(Chi Square, χ^2)값으로 결과값을 제시하는 경우가 많다. 이런 경우, 이들 χ^2값을 메타분석에서는 효과크기로 변환시켜야 하는데, 메타분석에서 χ^2값을 사용할 때 주의해야 할 점이 몇 가지 있다. 첫째, χ^2값을 d값으로 변환하는 계산식은 분석에 사용된 두 불연속변수의 범주(factor)가 2개인 이분변수의 경우로 한정되어, χ^2값의 자유도(df)가 1[df=(2-1)(2-1)=1]인 경우에만 적용이 가능한 계산식이다. 둘째, 값의 도출식은

$\chi^2 = \sum \frac{(관찰빈도 - 기대빈도)^2}{기대빈도}$로 항상 양(+)의 χ^2값을 갖게 되므로 효과크기로 변환된 χ^2값이 메타분석의 평균효과크기로 병합될 때, 효과크기의 부호(양 또는 음)를 연구자가 판단해야 한다. χ^2을 효과크기 d값으로 변환하기 위해 다음의 공식이 사용된다.

$$|d| = 2\sqrt{\frac{\chi^2}{N-\chi^2}}$$

예 한 연구에서 성별에 따른 혼인상태(기혼 또는 미혼)의 차이가 있는지를 분석하기 위한 검정통계량 χ^2=.183 값을 이용하여 계산된 효과크기 d는 다음과 같다.

$$|d| = 2\sqrt{\frac{\chi^2}{N-\chi^2}} = 2\sqrt{\frac{.183}{1081-.183}} = .026$$

효과크기 d값이 .026으로 매우 작은 값을 가지므로, 혼인 여부에 있어 남녀의 차이가 거의 없음을 알 수 있다.

② χ^2값을 r값으로 변환

다음의 계산식에 따라 통계량 χ^2에 대한 효과크기 r이 계산된다. χ^2값 대신 결과값이 아래의 '예 2'에서와 같이 2×2 교차표로 제시된 경우에도 효과크기 r로의 변환이 가능하다.

$$r = \sqrt{\frac{\chi^2_{(1)}}{N}}$$

예 1 위의 예에서 제시된 응답자의 성별과 혼인상태의 관련성 연구의 결과값(χ^2=.183)을 효과크기 r값으로 변환하면 다음과 같다.

$$r = \sqrt{\frac{\chi^2}{N}} = \sqrt{\frac{.183}{1081}} = .013$$

효과크기 r값이 .013으로 매우 작은 효과크기를 가진다. 따라서 성별은 혼인 여부에 거의 영향을 미치지 않는 것으로 보인다.

예 2 선행연구 결과에서 두 집단의 사례수가 2×2 교차표로 제공된 경우, 이들로부터 효과크기 r값을 구하는 도출 공식은 다음과 같다.

	혼인상태		합계
	기혼	독신	
여성	A (412)	B (144)	556
남성	C (383)	D (142)	525
합계	795	286	1,081

$$r = \frac{(AD - BC)}{\sqrt{(A+B)(C+D)(A+C)(B+D)}}$$

$$= \frac{(412 \times 142 - 144 \times 383)}{\sqrt{(412+144)(383+142)(412+383)(144+142)}} = .013$$

효과크기로의 변환된 결과는 '예 1'과 동일하게 해석된다.

3. 서로 다른 효과크기 간 병합

메타분석에 포함된 연구들이 서로 다른 유형의 효과크기로 제시되었다면, 이들 모두를 병합하기 위해 공통의 효과크기 단위로 변환하는 작업이 필요하다. 동일한 연구문제를 다루었지만, 개별 연구로부터 산출된 효과크기가 다음과 같이 서로 다른 유형으로 보고되었다면

연구 1: 상관계수

연구 2: 승산비

연구 3: Cohen's d

공통의 효과크기(예를 들어, Cohen's d)로 변환하여 메타분석을 이용해 종합해야 한다.

연구	효과크기 유형	Cohen's d로 변환
Study 1	Pearson's r	d_1
Study 2	Odds Ratio	d_2
Study 3	Cohen's d	d_3

⇨ 평균 효과크기 d

효과크기 r과 odds ratio 및 Cohen's d 간의 변환식은 다음과 같다.

가. r과 d 간의 변환

① r값을 d값으로 변환

효과크기 Pearson's r과 r의 분산을 효과크기 Cohen's d와 그

분산으로 변환하는 식은 다음과 같다.

두 집단의 표본크기가 동일한 경우: $d = \frac{2r}{\sqrt{1-r^2}}$

두 집단 간 표본크기가 다른 경우: $d = \frac{r}{\sqrt{(1-r^2)(p(1-p))}}$

이때, p는 두 집단의 표본크기의 비를 나타낸다.

분산은 다음의 식을 이용하여 추정된다.

$$V_d = \frac{4V_r}{(1-r^2)^3}$$

예 한 연구논문에서 부부상담 프로그램에 참가한 응답자 40명과 프로그램에 참가하지 않은 응답자 40명을 대상으로 조사한 결과, 상담의 참여 여부와 결혼만족도 점수와의 관련의 정도가 r=.4이고 분산 V_r=.0175일 때, 본 상관계수를 효과크기 d와 그 분산으로 계산하면 다음과 같다.

효과크기 $d = \frac{2r}{\sqrt{1-r^2}} = \frac{2 \times .4}{\sqrt{1-.4^2}} = .8729$

분산 $V_d = \frac{4V_r}{(1-r^2)^3} = \frac{4 \times .0175}{(1-.4^2)^3} = .1181$

효과크기 d가 큰 효과크기를 가지고 있으므로, 프로그램에 참가한 집단의 결혼만족의 정도가 프로그램에 참가하지 않는 집단의 결혼만족도보다 훨씬 높은 것을 알 수 있다.

② d값을 r값으로 변환

효과크기 d값을 효과크기 r값으로 변환하는 방법은 다음과 같다.

$$r = \frac{d}{\sqrt{d^2 + a}} \qquad \begin{cases} n_1 = n_2 \text{이면} \ \ a = 4 \\ n_1 \neq n_2 \text{이면} \ \ a = \dfrac{(n_1 + n_2)^2}{n_1 n_2} \end{cases}$$

$$V_r = \frac{a^2 V_d}{(d^2 + a)^3}$$

예 부부상담 프로그램에 참가한 응답자와 참가하지 않은 응답자의 집단의 표본크기는 동일($n_1 = n_2$)하고, 두 집단의 결혼만족도의 표준화된 평균 차이값 (Cohen's d)이 .8729이며, 그 분산값(V_d)이 .1181일 경우, 이를 효과크기 r값으로 계산하면,

$$r = \frac{d}{\sqrt{d^2 + a}} = \frac{.8729}{\sqrt{.8729^2 + 4}} = .4, \quad V_r = \frac{a^2 V_d}{(d^2 + a)^3} = \frac{4^2 \times .1181}{(.8729^2 + 4)^3} = .0175$$

효과크기 r의 값은 .4로, 분산 값은 .0175로 변환된다. d값과 r값 모두에서 큰 효과크기를 가지는 것을 볼 수 있다. 즉, 프로그램의 참가 여부가 결혼만족도의 증가에 큰 영향을 미침을 알 수 있다.

나. Odds Ratio 와 d 간의 변환

① Odds Ratio값을 d값으로 변환

메타분석에 포함된 연구의 결과로 로지스틱 회귀분석 등을 통해 도출된 승산비가 제시되었다면, 승산비의 로그값을 취하는 다음

의 공식을 적용하여 효과크기 d를 구할 수 있다.

$$d = Log\ OR \times \frac{\sqrt{3}}{\pi} \qquad V_d = V_{Log\ OR} \times \frac{3}{\pi^2}$$

예 부모의 마약복용의 여부가 자녀의 마약복용에 미치는 영향을 연구한 논문에서 승산비가 2.22, 즉 마약을 복용하는 부모의 자녀는 복용하지 않는 부모의 자녀보다 마약을 복용할 가능성(Odds)이 2.22배 높은 것으로 결론 내렸다면, 이를 효과크기 d로 계산하면 다음과 같다.

OR이 2.22($Log\ OR$ = .7985)이고, 분산이 $V_{Log\ OR}$ = .3761이므로,

효과크기 $d = Log\ OR \times \frac{\sqrt{3}}{\pi} = .7985 \times \frac{\sqrt{3}}{3.1416} = .4402$가 되고,

분산 $V_d = V_{Log\ OR} \times \frac{3}{\pi^2} = .3761 \times \frac{3}{3.1416^2} = .1143$으로 계산된다.

효과크기 d가 .4402로 자녀의 마약복용 여부는 부모가 마약을 복용하는 집단과 부모가 마약을 복용하지 않는 집단 간에 차이가 그리 크지 않음을 알 수 있다.

② d값을 Log Odds Ratio값으로 변환

효과크기 d값을 로그승산비 값으로 변환하는 공식은 다음과 같다.

$$Log\,OR = d \times \frac{\pi}{\sqrt{3}} \qquad V_{Log\,OR} = V_d \times \frac{\pi^2}{3}$$

예 만약 부모가 마약을 복용하는 집단의 자녀와 부모가 마약을 복용하지 않는 집단의 자녀 간에 마약복용 여부의 차이를 나타내는 Cohen's d값이 .4402이고, 분산이 .1143이면,

$$Log\,OR = d \times \frac{\pi}{\sqrt{3}} = .4402 \times \frac{3.1416}{\sqrt{3}} = .7985$$

$$V_{Log\,OR} = V_d \times \frac{\pi^2}{3} = .1143 \times \frac{3.1416^2}{3} = .3761$$

$Log\,OR$값은 .7985(OR은 2.22)이고, $V_{Log\,OR}$값은 .3761이 됨을 알 수 있다. 즉, 부모의 마약복용 여부가 자녀의 마약복용 가능성에 그리 큰 영향을 미치지 않는 것으로 해석할 수 있다.

다. *Odds Ratio*와 r 간의 변환

① *Odds Ratio* 값을 r값으로 변환

승산비를 r값으로 변환하는 공식은 다음과 같다(Bonett, 2007).

$$r = \frac{OR^{1/2} - 1}{OR^{1/2} + 1}$$

예 부모의 마약복용 여부와 자녀의 마약복용에 미치는 OR이 2.22라면, 이를 r값으로 변환하면 r=.1968이 된다.

$$r = \frac{OR^{1/2}-1}{OR^{1/2}+1} = \frac{\sqrt{2.22}-1}{\sqrt{2.22}+1} = .1968$$

② r값을 $Odds\ Ratio$ 값으로 변환

r값을 승산비값으로 변환하는 공식은 다음과 같다.

$$OR = \left(\frac{1+r}{1-r}\right)^2$$

예 부모의 마약복용의 여부와 자녀의 마약복용 간의 상관이 r =.1968이면 이를 승산비 값으로 변환하면 OR=2.22가 된다.

$$OR = \left(\frac{1+r}{1-r}\right)^2 = \left(\frac{1+.1968}{1-.1968}\right)^2 = 2.22$$

5장

고정효과모형과 무선효과모형

동일한 연구 주제로 진행된 연구들의 결과값을 병합하여 평균 효과크기를 추정하기 위한 메타분석의 통계적 모형에는 고정효과모형과 무선효과모형이 있다. 연구자는 메타분석에 포함된 모든 연구에 걸쳐 공통된 하나의 참 효과크기 값(True Effect Size)의 존재 여부에 대한 가정과 각 연구의 효과크기의 차이를 해석하는 방법에 따라 분석모형을 선택해야 한다. 일반적으로 동질성 검정(Homogeneity Test)을 통해 효과크기가 동질적인 것으로 검증되면 고정효과모형을 선택한다. 하지만, 이 경우에도 메타분석을 실시하는 연구자가 분석에 포함된 연구별 특성의 차이를 반영하여 무선효과모형의 메타분석을 진행할 수 있다.

고정효과모형은 적은 수의 연구들이 분석에 포함되어도 통합효과크기를 산출하는 데 큰 문제가 되지 않는 장점을 가진다. 반면 무선효과모형은 연구 간 이질성의 정도를 추정하여 메타분석을 진행하는 연구자에 의해 설명되지 못한 효과크기의 차이를 고려하여 연구결과를 통합할 수 있다는 장점이 있지만, 메타분석에 통합된 연구들의 수가 충분한 경우에만 정확한 연구 간 분산값(Between-study Variance, τ^2)의 추정이 가능하다는 단점을 가진다(Borenstein et al., 2009).

두 모형을 대비해서 간략하게 정리하면 다음과 같다.

1. 고정효과모형(Fixed-Effect Model)

고정효과모형은 메타분석에 사용된 개별 연구의 효과크기가 공통된 하나의 참 효과크기(True Effect Size)를 중심으로 분포하는 모집단으로부터 표집되었으며, 관찰된 효과크기 값들의 차이는 오직 표집오차(Sampling Error)로부터 비롯된 것으로 가정하는 모형이다. 즉, 고정효과모형은 각 연구의 효과크기의 모수(참 효과크기)는 고정되었으며 효과크기들의 분산은 연구 내 분산(Within-study Variance)으로만 해석한다. 만약, 메타분석에 포함된 개별 효과크기의 차이가 커서 동일한 모집단에서 표집된 것으로 가정할 수 없다면 병합된 평균효과크기는 왜곡된 추정값이 될 것이다. 따라서 평균효과크기를 구하기 위해서는 분석에 포함된 효과크기들의 동질성 검정을 실시하여, 효과크기로 계산된 개별 연구들의 분석결과 값이 서로 동질적인 것으로 검증되면, 고정효과모형을 통하여 연구들의 효과크기를 종합할 수 있다.

고정효과모형의 연구목적은 분석에 포함된 전체 연구의 모수치인 참 효과크기를 추정하는 것으로 영가설은 '참 효과크기는 0이다'가 된다. 이때, 고정효과모형을 이용한 결론은 메타분석에 포함된 연구들로만 제한되어 설명되거나 동일한 조건의 연구들로 국한해서만 일반화된다.

2. 무선효과모형(Random-Effects Model)

메타분석에서 통합대상 연구들의 효과크기가 연구대상자 또는 연구환경 등의 연구 특성들이 동질하지 않아 하나의 동일한 참 효과크기를 가정하기 어려운 경우나 메타분석의 결과가 분석에 포함된 연구들 외에도 동일한 주제를 가진 다른 연구로 확대하여 일반화시키는 것을 목적으로 한다면, 무선효과모형에 근거한 메타분석을 진행하게 된다. 통계적으로는 통합대상 연구의 효과크기 간 동질성 검증을 시행하여 연구별 효과크기간에 차이가 있다는 결론이 내려지면 평균효과크기의 연구 간 분산값(τ^2)을 추정하는 무선효과모형을 사용한다.

무선효과모형에서는 메타분석의 대상 연구들을 병합하는 참 효과크기(True Effect Size)는 단 하나만 존재하는 것이 아니라 개별 연구마다 동일한 조건의 연구들이 가질 수 있는 참 효과크기가 하나씩 존재한다고 가정한다. 이들 개별 참 효과크기들은 참 효과크기들의 평균인 효과크기의 평균 참값을 중심으로 정규분포하며, 관찰된 개별 연구의 효과크기들은 개별 참 효과크기를 중심으로 분포하는 모집단의 효과크기들로부터 무작위로 표집된 효과크기이다(송혜양, 1998; Borenstein et al., 2009). 따라서 무선효과모형의 연구목적은 연구별 참 효과크기의 평균값을 구하는 것으로 '참 효과크기들의 평균은 0 이다'가 영가설이 된다.

연구별 참 효과크기는 여러 요인들에 의해 영향을 받는데, 연구에 참여한 대상자들의 특성, 연구 조건, 연구 진행과정 등에 의해 달라지며, 이들 연구별 참 효과크기가 효과크기의 평균 참값으로부터 가지는 분산을 연구 간 분산값(τ^2)으로 추정한다. 그리고 여전히 남아 있는 개별 효과크기 값이 연구별 참 효과크기로부터 가지는 분산을 표집오차로 설명하고자 한다. 따라서 무선효과모형에서는 각 연구의 효과크기들이 가지는 분산은 표집오차로 인한 연구 내 분산과 연구 특성의 차이로 인한 연구 간 분산으로 구성된다고 가정한다.

이처럼 개별 연구의 효과크기들이 가지는 이질성의 정도(τ^2)를 추정함으로, 무선효과모형은 개별 연구들의 서로 다른 효과크기를 하나의 통합 효과크기(즉, 효과크기의 평균 참값)로 종합할 수 있게 된다. 만약, 연구 특성에 따라 개별 효과크기가 영향을 많이 받는다면 연구 간 분산 τ^2은 큰 값을 가지게 될 것이다. 무선효과모형을 적용한 메타분석에서 τ^2는 적률법(method of moments)으로 계산된 단순 추정량(송혜양, 1998)이며 다음과 같이 계산된다.

$$\tau^2 = \frac{Q - df}{C} \qquad \tau^2 = \begin{cases} \frac{Q - df}{C} & \text{if } Q > df \\ 0 & \text{if } Q \le df \end{cases}$$

이때, Q는 효과크기 간 동질성을 검증하는 통계치로 개별 연구의 효과크기(ES_i)와 평균효과크기($\overline{ES}$) 및 개별 효과크기의 가중치(ω_i)를 이용하여 다음과 같이 계산된다. 이 책의 7장에서 자세히 설명되니 이를 참조하기 바란다.

$$Q = \sum_{i=1}^{n} (ES_i - \overline{ES})^2 w_i$$

자유도는 $df = k - 1$로 계산된다. k는 메타분석에 포함된 연구물의 수를 의미하며, 가중치(ω_i)를 통해 도출되는 C의 계산식은 아래와 같다.

$$C = \sum_{i=1}^{n} w_i - \frac{\sum_{i=1}^{n} w_i^2}{\sum_{i=1}^{n} w_i}$$

무선효과모형은 연구 간 효과크기의 차이는 표집오차로 인한 연구 내 분산과 연구 특성의 차이로 인한 연구 간 분산으로 구성된다고 가정하여, 고정효과모형이 가정하는 표집오차에 추가적으로 연구 간 분산을 포함시키므로 모집단 평균 효과크기를 추정함에 있어 고정효과모형보다 분산값이 커지게 되므로 정밀도(Precision)가 낮아지게 된다. 따라서, 무선효과모형은 고정효과모형에 비해 보수적인 통합 효과크기 추정값과 넓은 신뢰구간을 가지게 된다. 하지만, 분석에 포함된 개별 연구의 효과크기가 참 효과크기를 중심으로 하는 모집단 효과크기들로부터 무작위로 추출된 표본이라 가정하고 연구별 참 효과크기가 효과크기의 평균 참값으로부터 가지는 분산을 연구 특성의 차이로 인한 연구들의 이질성값으로 추정할 수 있기 때문에, 무선효과모형을 이용한 메타분석의 결과는 도출된 병합 효과크기 값을 동일한 주제를 공유하는 일반적인 연구로 확대하여 해석할 수 있다는 장점을 가진다.

6장 가중치가 부여된 가중평균 효과크기 계산

1. 역분산 가중치(Inverse Variance Weight)

메타분석에서는 분석에 포함된 연구들을 요약하는 통합 효과크기를 도출하기 위해 개별 연구의 효과크기에 가중치를 부여하여 평균값을 구한다. 즉, 메타분석의 통합 효과크기는 개별 효과크기의 단순평균값이 아닌 연구별 우수성의 평가에 따라 가중치가 적용된 가중평균 효과크기 값으로 구해진다. 가중평균 효과크기로 효과크기들의 값을 요약하는 이유는 분석대상 연구들의 연구의 질(Quality)이 서로 다르므로 이에 따른 가중치를 적용하여 보다 타당한 통합 평균 효과크기값을 산출하기 위함이다. 즉, 메타분석에 사용되는 연구들 중 질적으로 우수한 연구 혹은 보다 정밀하다고 평가되는 연구의 결과에 높은 가중치를 부여하여 통합 평균 효과크기를 값에 높은 비중으로 반영되도록 하는 것이다.

가중치를 산출하는 방법은 단순히 표본의 크기(Sample Size)를 가중치로 이용하거나 분산의 역수(Inverse Variance)를 가중치로, 혹은 연구자의 주관적 판단에 따라 개별 연구의 질을 평가하여 가중치를 적용할 수 있는데, 이들 방식을 혼합한 가중치를 부여할 수도 있다.

가. 표본의 크기에 따른 가중치

표본의 크기에 따라 가중치를 산출하는 방법은 표본의 크기가 큰 연구의 경우 표본 크기가 작은 연구에 비해 모수치를 더 정확히 추정하는 것으로 판단하여, 개별 연구의 효과크기에 표본 크기를 가중치로 사용하는 방법이다. 이를 통해, 많은 사례수를 가진 연구의 효과크기는 모든 연구들을 통합한 분석 결과값에 높은 비중으로 기여하게 된다.

연구	효과크기	표본 수	가중치
연구 1	.2	50명	50
연구 2	.4	500명	500

위의 표에서 정리된 바와 같이 표본 수에 따른 가중치 방법에 의하면, 연구 1의 가중치는 50이고, 연구 2의 가중치는 500이 된다.

표본의 크기로 가중치를 부여하여 평균 효과크기($\overline{ES}$)를 구하면 다음과 같다. 즉, 각각의 효과크기가 .2와 .4로 계산된 연구에 가중치를 부여하여 두 연구의 효과크기의 평균값으로 도출된 병합 효과크기는 .382가 되는 것이다.

$$\overline{ES}=\frac{(\text{효과크기}_1\times\text{표본수}_1)+(\text{효과크기}_2\times\text{표본수}_2)}{(\text{표본수}_1+\text{표본수}_2)}=\frac{(.2\times 50)+(.4\times 500)}{50+500}=.382$$

나. 분산의 크기에 따른 가중치

표본의 크기에 따라 가중치를 부여하는 방법은 큰 표본으로 분석된 연구의 효과크기는 작은 표본으로 진행된 연구에 비해 보다 정확한 참 효과크기(True Effect Size)의 추정치를 제공하는데, 이는 표본의 크기가 커지면, 표준오차가 감소하여 신뢰구간이 좁아지므로 참 효과크기에 대해 더욱 정밀한 추정이 가능하기 때문이다.

표준화된 평균차이로 계산된 효과크기의 분산은 다음의 공식으로 계산되며, 표본 크기에 따른 효과크기의 분산의 크기 변화를 정리하면 다음과 같다.

$$V_{Cohen} = \left(\frac{n_1 + n_2}{n_1 n_2} + \frac{d^2}{2(n_1 + n_2)}\right)$$

$$V_{Study\,1} = \left(\frac{10 + 40}{10 \times 40} + \frac{1}{2(10 + 40)}\right) = .135$$

$$V_{Study\,2} = \left(\frac{200 + 300}{200 \times 300} + \frac{1}{2(200 + 300)}\right) = .00933$$

연구	효과크기	집단별 표본크기	분산	가중치
연구 1	.2	남자 10명, 여자 40명	.135	7.407
연구 2	.4	남자 200명, 여자 300명	.00933	107.181

위의 표에서 정리된 예와 같이 큰 표본으로 분석된 연구 2의 효과크기의 분산이 작은 표본으로 진행된 연구 1의 효과크기에 비해 적은 값의 분산을 가지므로 참 효과크기를 더 정확하게 추

정한다고 할 수 있다.

따라서, 가중평균 효과크기를 산출하기 위해, 연구 2는 연구 1에 비해 효과크기의 분산이 작으므로 정밀도에 있어 보다 우수한 연구로 간주되어 높은 가중치를 부여받게 된다. 즉, 역분산 가중치 방법을 적용하여, 연구 1의 가중치는 분산의 역수값인 $7.407\left(\frac{1}{v_1}=\frac{1}{.135}=7.407\right)$로 연구 2의 가중치는 분산의 역수값인 $107.181\left(\frac{1}{v_2}=\frac{1}{.00933}=107.181\right)$로 계산된다.

분산의 역수값으로 가중치를 부여하여 평균 효과크기($\overline{ES}$)를 구하면 다음과 같다.

$$\overline{ES}=\frac{(\text{효과크기}_1\times\text{가중치}_1)+(\text{효과크기}_2\times\text{가중치}_2)}{(\text{가중치}_1+\text{가중치}_2)}=\frac{(.2\times 7.407)+(.4\times 107.181)}{7.407+107.181}=.387$$

분산의 크기에 따라 가중치를 부여하는 역분산 가중치(Inverse Variance Weight) 방법은 여러 다른 가중치 부여 방식에 비해 안정된 결과를 제공하는 방법으로 평가(이준영, 2008)되어, 가중평균 효과크기(Weighted Mean Effect Size)의 산출을 위해 가장 보편적으로 사용되고 있다. 이에 본서의 메타분석 결과값인 병합 효과크기는 역분산 가중치 방법을 적용한 가중평균 효과크기로 계산된다.

2. 가중평균 효과크기(Weighted Mean Effect Size)

개별 연구의 분산값을 토대로 산출된 역분산 가중치 방법을 사용하여 메타분석의 병합 효과크기를 구하는 가중평균 효과크기의 계산은 개별 효과크기들의 분산이 연구 내 분산값에 의해서만 설명되는 고정효과모형과 연구 내 분산값에 연구 간 분산값이 추가로 고려되는 무선효과모형의 가중평균 효과크기로 나뉜다. 고정효과모형과 무선효과모형의 가중치 계산법과 가중평균 추정법을 구별하여 설명하면 다음과 같다.

가. 고정효과모형의 가중평균 효과크기

① 고정효과모형의 가중치 계산

메타분석에 포함된 연구에 개별 효과크기의 분산에 따라 가중치를 부여하는 역분산 가중치 방법에 의한 고정효과모형의 가중치는 다음과 같이 계산된다.

고정효과모형의 가중치: $w_i = \frac{1}{v_i}$

이때 v_i는 i번째 연구의 효과크기의 연구 내 분산이며, i번째 연구에 부여된 가중치(ω_i)는 연구 i의 연구 내 분산의 역수값으로 계산된다. 이에 따라, 작은 분산을 가지는 연구는 정확도에 있어 우수하다고 평가되므로 높은 가중치를 부여받게 된다.

② 고정효과모형을 적용한 가중평균 효과크기

a. 고정효과모형의 가중평균 효과크기 추정

고정효과모형에서는 메타분석에 포함된 개별 효과크기가 동일한 모집단에서 표집되어 개별 연구들이 동질적이라는 가정하에, 연구 내 분산만을 고려하여 계산되는 가중치값을 사용하여 병합 효과크기 추정값을 계산하게 된다.

분석에 포함된 전체 연구의 효과크기를 평균한 값은 두 집단 간의 차이(실험연구의 경우, 처치효과)나 두 변수 간 관련의 정도를 요약한 값이다. 역분산 가중치 방법이 적용되면 각각의 연구로부터 얻은 효과크기들의 분산의 역수값을 각 효과크기에 가중시켜 평균 효과크기를 구하기 때문에 개별 연구의 정밀성 평가에 따른 가중치가 부여된 가중평균 효과크기는 단순평균 효과값보다 모수를 보다 정확하게 추정하게 된다.

고정효과모형에서의 역분산 가중치로 구해지는 가중평균 효과크기($\overline{ES}$)의 계산식은 다음과 같다.

$$\overline{ES} = \frac{(ES_1 \times w_1) + (ES_2 \times w_2) + \dots + (ES_n \times w_n)}{w_1 + w_2 + \dots + w_n} = \frac{\sum_{i=1}^{n} ES_i w_i}{\sum_{i=1}^{n} w_i}$$

역분산 가중치 방법을 적용한 가중치($w_i = \frac{1}{v_i}$)가 개별 연구의 효과크기에 부여된다.

아래 3개의 연구를 병합하는 고정효과모형을 이용한 가중평균 효과크기($\overline{ES}$)는 다음과 같다.

연구	효과크기(ES_i)	분산(v_i)	가중치(w_i)	효과크기×가중치 ($ES_i \times w_i$)
연구 1	.2027	.1	10	2.027
연구 2	.4236	.05	20	8.472
연구 3	.6931	.01	100	69.31
총합			130	79.809

연구 1의 가중치는 $10(w_1 = \frac{1}{v_1} = \frac{1}{.1} = 10)$, 연구 2의 가중치는 $20(w_2 = \frac{1}{v_2} = \frac{1}{.05} = 20)$, 연구 3의 가중치는 $100(w_3 = \frac{1}{v_3} = \frac{1}{.01} = 100)$이 된다.

역분산 가중치 방법을 이용한 가중평균 효과크기($\overline{ES}$)는 다음과 같다.

$$\overline{ES} = \frac{\sum_{i=1}^{n} ES_i w_i}{\sum_{i=1}^{n} w_i} = \frac{(.2027 \times 10) + (.4236 \times 20) + (.6931 \times 100)}{10 + 20 + 100} = \frac{79.809}{130} = .614$$

따라서, 전체 연구의 고정효과모형의 가중평균 효과크기($\overline{ES}$)는 .614임을 알 수 있다.

이때, 두 개 이상의 가중치를 혼합하여 개별 연구의 가중치를 부여할 수 있는데, 아래와 식과 같이 연구의 질, 예를 들어 무선할당(Random Assignment) 여부 등을 코딩한 지수 값(q_i)을 역분산 가중치에 추가하여 가중치를 부여할 수 있다(Cooper, Hedges, & Valentine, 2009).

$$\overline{ES} = \frac{\sum_{i=1}^{n} ES_i w_i}{\sum_{i=1}^{n} w_i} \quad \Rightarrow \quad \overline{ES} = \frac{\sum_{i=1}^{n} ES_i w_i q_i}{\sum_{i=1}^{n} w_i q_i}$$

이때, q_i는 i번째 연구의 질을 나타내는 지수로 메타분석을 시행하는 연구자의 주관적인 판단에 따른 가중치를 의미하여, 일반적으로 0에서 1까지의 범위를 가진다.

b. 고정효과모형의 효과크기 유의성 검정과 신뢰구간 추정

가중평균 효과크기의 유의확률 및 신뢰구간을 설정하기 위해 표준오차 값을 구해야 하는데, 메타분석에서는 개별 연구의 역분산 가중치값들을 모두 합한 값을 가중평균 효과크기의 정밀도를 추정하는 하나의 지수로 간주하여, 가중평균 효과크기의 표준오차는 다음과 같이 가중치 총합의 역수를 제곱근 취한 값으로 계산한다.

$$se_{\overline{ES}} = \sqrt{\frac{1}{\sum_{i=1}^{n} w_i}}$$

연구 전체를 종합하는 통합 효과크기에 대한 검정통계량은 가중평균 효과크기 값을 표준오차로 나눈 값으로, 이 값이 Z분포의 임계치보다 클 경우 영가설은 기각된다.

Z값의 영가설은 '연구들의 효과크기는 0이다'가 된다.

$$Z = \frac{\overline{ES}}{se_{\overline{ES}}}$$

병합된 효과크기의 신뢰구간은 위에서 계산된 표준오차의 값으

로 설정되는데, 이를 통해 계산되는 95% 신뢰구간은 다음과 같다.

95% 신뢰구간 하한값: $LL_{\overline{ES}} = \overline{ES} - 1.96 \times se_{\overline{ES}}$

95% 신뢰구간 상한값: $UL_{\overline{ES}} = ES + 1.96 \times se_{\overline{ES}}$

양측 검정의 신뢰구간 임계값으로 95%의 경우 $Z = 1.96$, 99%의 경우 $Z = 2.576$, 99.9%의 경우 $Z = 3.291$값이 사용된다.

c. 고정효과모형의 가중평균 효과크기 계산 예

다음은 16개의 연구로부터 Hedges's g값으로 산출된 개별 효과크기, 분산, 분산의 역수로 제시된 가중치 등을 제시한 표이다. 16개 연구 전체를 요약하는 병합 효과크기를 결정하기 위한 표준화된 평균차이의 분석결과는 다음과 같다.

Study	ES	Variance	Weight	ES×W	ES^2×W	W^2
Study A	.955	.062	16.053	15.327	14.633	257.683
Study B	−.148	.478	2.092	−.309	.046	4.377
Study C	2.969	.107	9.383	27.856	82.699	88.033
Study D	.631	.096	10.409	6.572	4.150	108.341
Study E	.772	.053	19.012	14.679	11.334	361.444
Study F	.307	.145	6.905	2.121	.651	47.682
Study G	.172	.101	9.860	1.694	.291	97.220
Study H	.952	.102	9.764	9.300	8.857	95.330
Study I	.990	.153	6.547	6.484	6.422	42.859
Study J	.631	.059	17.050	10.756	6.785	290.700
Study K	1.580	.251	3.986	6.296	9.944	15.887
Study L	.594	.094	10.644	6.320	3.753	113.305
Study M	.275	.482	2.073	.570	.157	4.297
Study N	.869	.075	13.364	11.611	10.088	178.600
Study O	.827	.122	8.189	6.772	5.601	67.052
Study P	.931	.050	19.902	18.524	17.240	396.098
			165.231	144.572	182.652	2168.909

■ 가중평균 효과크기

역분산 가중치가 부여된 가중평균 효과크기와 표준오차는 다음과 같다.

$$\overline{ES} = \frac{\sum_{i=1}^{n} ES_i w_i}{\sum_{i=1}^{n} w_i} = \frac{144.572}{165.231} = .875$$

$$se_{\overline{ES}} = \sqrt{\frac{1}{\sum_{i=1}^{n} w_i}} = \sqrt{\frac{1}{165.231}} = .0778$$

16개의 연구들을 종합한 집단 간 표준화된 평균차이, 즉 가중평균 효과크기는 .875로 큰 효과크기를 가지므로 두 집단의 평균값에 큰 차이가 존재함을 알 수 있다.

■ 효과크기 유의성 검정과 신뢰구간

통합 효과크기의 유의도 검증통계값은 가중평균 효과크기를 표준오차로 나누어 준 값으로 다음과 같다.

$$Z = \frac{\overline{ES}}{se_{\overline{ES}}} = \frac{.875}{.0778} = 11.247$$

Z=11.247의 유의확률은 $p<.001$로 모든 연구의 두 집단 간 평균 차이가 없다는 영가설이 기각되었다.

$$LL_{\overline{ES}} = .875 - 1.96 \times .0778 = .723$$

$$UL_{\overline{ES}} = .875 + 1.96 \times .0778 = 1.027$$

16개의 연구들을 종합한 결과, 유의수준 =.05에 대한 신뢰구간은 (.723~1.027)이다.

③ Stata를 이용한 고정효과모형의 가중평균 효과크기 계산

a. 표준화된 두 집단 간 평균차이(Hedges's *g*) Stata 분석 예

Stata 프로그램의 데이터로 실험집단과 통제집단의 평균과 표준편차, 그리고 각 집단의 표본 수의 값들로 정리된 16개의 연구 자료를 아래와 같이 입력한 후, 메타분석을 실행하면 가중치가 부여된 통합 효과크기, 유의도 검정 및 신뢰구간이 다음과 같이 제시된다.

분석에 포함된 연구	실험군			대조군		
	표본 수	평균	표준편차	표본 수	평균	표준편차
연구 A	37	28.39	9.93	35	19.35	8.73
연구 B	3	21.78	3.88	7	23.19	9.71
연구 C	41	13.39	1.79	40	9.06	.97
연구 D	23	9.30	7.72	21	5.45	3.12
⋮	⋮	⋮	⋮	⋮	⋮	⋮

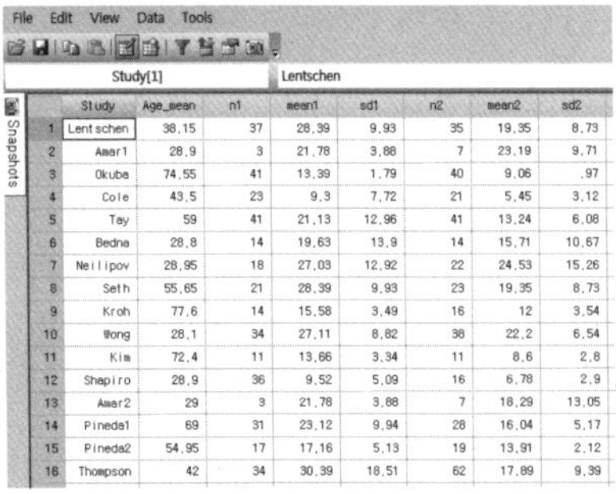

	Study	Age_mean	n1	mean1	sd1	n2	mean2	sd2
1	Lentschen	38.15	37	28.39	9.93	35	19.35	8.73
2	Amar1	28.9	3	21.78	3.88	7	23.19	9.71
3	Okuba	74.55	41	13.39	1.79	40	9.06	.97
4	Cole	43.5	23	9.3	7.72	21	5.45	3.12
5	Tay	59	41	21.13	12.96	41	13.24	6.08
6	Bedna	28.8	14	19.63	13.9	14	15.71	10.67
7	Neilipov	28.95	18	27.03	12.92	22	24.53	15.26
8	Seth	55.65	21	28.39	9.93	23	19.35	8.73
9	Kroh	77.6	14	15.58	3.49	16	12	3.54
10	Wong	28.1	34	27.11	8.82	38	22.2	6.54
11	Kim	72.4	11	13.66	3.34	11	8.6	2.8
12	Shapiro	28.9	36	9.52	5.09	16	6.78	2.9
13	Amar2	29	3	21.78	3.88	7	18.29	13.05
14	Pineda1	69	31	23.12	9.94	28	16.04	5.17
15	Pineda2	54.95	17	17.16	5.13	19	13.91	2.12
16	Thompson	42	34	30.39	18.51	62	17.89	9.39

〈그림 6〉 Stata Data Editor 두 집단 평균차이 검증을 위한 데이터 입력 화면

가중평균 효과크기를 실행하기 위한 메타분석 명령어 **metan**을 입력하고 실험집단의 표본 수, 평균 및 표준편차와 통제집단의 표본 수, 평균 및 표준편차를 순서대로 입력한 후, hedges's *g* 값과 역분산 가중법이 적용된 고정효과모형의 결과값 도출을 위해 hedges와 fixedi 옵션 명령어를 추가로 입력하면 결과값이 다음과 같이 도출된다.

```
. metan n1 mean1 sd1 n2 mean2 sd2, hedges fixedi

           Study     |     SMD   [95% Conf. Interval]     % Weight
---------------------+---------------------------------------------------
1                    |  0.955       0.466     1.444          9.72
2                    | -0.148      -1.503     1.207          1.27
3                    |  2.969       2.329     3.609          5.68
4                    |  0.631       0.024     1.239          6.30
5                    |  0.772       0.323     1.222         11.51
6                    |  0.307      -0.439     1.053          4.18
7                    |  0.172      -0.452     0.796          5.97
8                    |  0.952       0.325     1.580          5.91
9                    |  0.990       0.224     1.756          3.96
10                   |  0.631       0.156     1.106         10.32
11                   |  1.580       0.598     2.561          2.41
12                   |  0.594      -0.007     1.194          6.44
13                   |  0.275      -1.086     1.636          1.25
14                   |  0.869       0.333     1.405          8.09
15                   |  0.827       0.142     1.512          4.96
16                   |  0.931       0.491     1.370         12.05
---------------------+---------------------------------------------------
I-V pooled SMD       |  0.875       0.722     1.027        100.00
---------------------+---------------------------------------------------

  Heterogeneity chi-squared =  56.16 (d.f. = 15) p = 0.000
  I-squared (variation in SMD attributable to heterogeneity) =  73.3%

  Test of SMD=0 : z=  11.25 p = 0.000
```

〈그림 7〉 Stata 고정효과모형 가중평균 효과크기(Average Hedges's *g*) 결과값 화면

16개의 효과크기들은 고정효과모형의 역분산가중법을 이용한 가중치가 부여되었는데 첫 번째 연구물의 가중치는 $w_i = \frac{1}{v_i} = \frac{1}{.0623} = 16.05$로 16개 연구의 가중치의 총합(165.202) 중 9.72%를 차지한다. 이는 첫 번째 연구가 통합 효과크기에 대해

가지는 기여도(최기헌·국세정, 2008)로 해석할 수 있다. 표준화된 평균차 분석결과 전체 연구의 효과크기는 .875이며, 95% 신뢰구간은 (.72~1.03)이고, 평균 차 검정에 의하면 Z=11.25(p<.001)로 집단 간 유의한 차이가 있다고 할 수 있다.

b. 표준화된 두 변수 간 상관의 정도(Pearson's r) Stata 분석 예

아래의 메타분석 연구에서는 총 7개의 연구결과가 병합되었으며, 전체 4,302명의 표본이 분석에 포함되었다. 분석에 이용된 연구들의 두 변수 간 상관의 정도를 나타내는 효과크기인 표준화된 상관계수(Z_r)와 각 연구별 표준오차(se, 분산의 제곱근 값)를 정리하면 다음과 같으며, Stata를 통해 제시된 표준화된 두 변수 간 관련의 정도에 대한 메타분석 결과인 가중평균 효과크기와 그 유의확률 및 신뢰구간은 다음과 같다.

분석에 사용된 연구	N	r	*Fisher's z*	se
연구 A	654	.173	.175	.039
연구 B	300	.425	.454	.058
연구 C	146	.134	.135	.084
연구 D	140	.194	.196	.085
연구 E	560	.539	.602	.042
연구 F	2387	.102	.102	.020
연구 G	115	.485	.529	.094

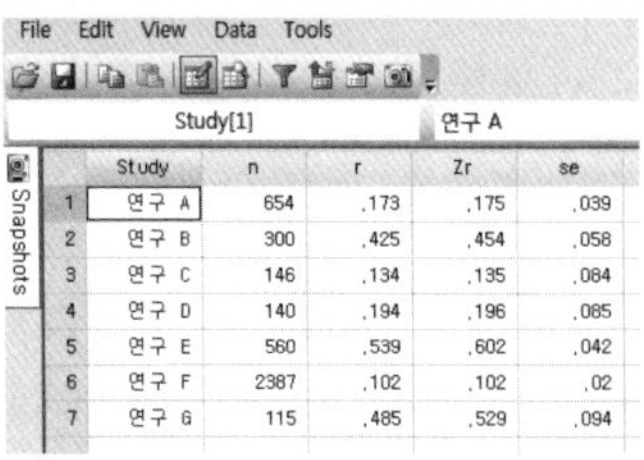

〈그림 8〉 Stata Data Editor 상관계수 데이터 입력 화면

역분산 가중법을 이용한 고정효과모형의 메타분석 결과값 도출을 위한 명령어 metan과 각 연구의 효과크기와 표준오차를 입력한 후, fixedi 옵션 명령어를 입력하면 다음의 결과가 도출된다.

```
. metan Zr se, fixedi

           Study     |     ES    [95% Conf. Interval]     % Weight
---------------------+---------------------------------------------------
1                    |  0.175       0.099     0.251          14.89
2                    |  0.454       0.340     0.568           6.73
3                    |  0.135      -0.030     0.300           3.21
4                    |  0.196       0.029     0.363           3.14
5                    |  0.602       0.520     0.684          12.84
6                    |  0.102       0.063     0.141          56.63
7                    |  0.529       0.345     0.713           2.56
---------------------+---------------------------------------------------
I-V pooled ES        |  0.216       0.186     0.245         100.00
---------------------+---------------------------------------------------

  Heterogeneity chi-squared = 146.97 (d.f. = 6) p = 0.000
  I-squared (variation in ES attributable to heterogeneity) =  95.9%

  Test of ES=0 : z=  14.33 p = 0.000
```

〈그림 9〉 Stata 고정효과모형 가중평균 효과크기(Average $Fisher's\ z$) 결과값 화면

7개 연구의 메타분석 결과 가중평균값(Weighted Average Z_r)은 .216으로 제시되었다. 가중평균 Z_r값은 다시 효과크기 r값으로 되돌린 값으로 전체 연구를 요약하는 효과크기로 보고하는 것이 원칙이므로, 위 연구의 통합 효과크기는 $r = \frac{e^{2z_r}-1}{e^{2z_r}+1} = \frac{e^{(2\times .216)}-1}{e^{(2\times .216)}+1} = .213$으로 중간 정도의 효과크기를 가지는 것을 알 수 있으며, 95% 신뢰구간은 하한값 $\frac{e^{(2\times .186)}-1}{e^{(2\times .186)}+1} = .184$, 상한값 $\frac{e^{(2\times .245)}-1}{e^{(2\times .245)}+1} = .240$으로 (.184~.240)의 범위를 가지고, 두 변수의 관련성 검정값 Z=14.33(p〈.001)으로 두 연속 변수 간에는 유의한 상관이 존재한다고 할 수 있다.

c. 이분형 변수 간 관련성(*Odds Ratio*) Stata 분석 예

두 개의 이분형 자료를 이용하여 처치집단과 비교집단의 소속 여부과 사건발생 간의 관계를 검증한 연구들에 대한 고정효과모형의 메타분석은 두 이분형 변수 간 관련의 정도를 효과크기 승산비(*OR*)로 추정한 후, 이를 로그값(*Log OR*)으로 변환한다. 이후 역분산 방법을 적용하여 가중치를 부여함으로 전체 연구의 병합 평균값을 계산해 낸다. 로그 승산비의 가중평균값은 다시 승산비의 값으로 되돌려진 값으로 최종 통합 효과크기를 제시해야 한다.

분석에 이용된 연구의 처치집단의 사건발생한 표본 수 및 사건발생하지 않은 표본 수와 비교집단의 사건발생한 표본 수 및 사건발생하지 않은 표본 수를 정리한 자료를 Stata 데이터로 다음의 그림과 같이 입력하면 가중치가 부여된 평균효과크기와 신뢰구간 등의 분석결과가 아래와 같이 출력된다.

연구	처치집단		비교집단	
	발생	발생하지 않음	발생	발생하지 않음
Study A	13	47	12	48
Study B	100	200	40	260
Study C	15	45	10	50
Study D	20	60	15	65

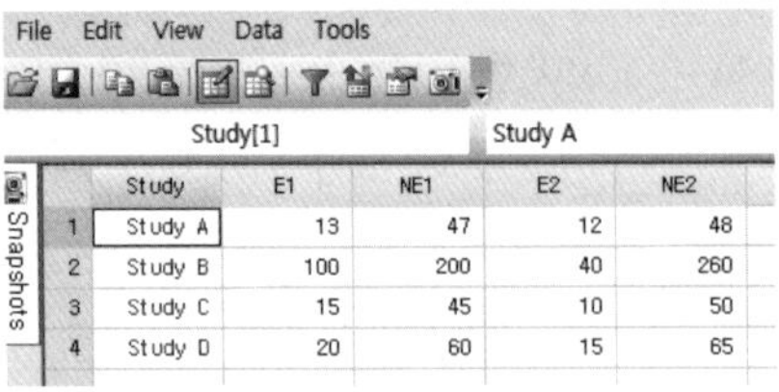

	Study	E1	NE1	E2	NE2
1	Study A	13	47	12	48
2	Study B	100	200	40	260
3	Study C	15	45	10	50
4	Study D	20	60	15	65

〈그림 10〉 Stata Data Editor 이분형 데이터 입력 화면

```
. metan E1 NE1 E2 NE2, or

           Study     |     OR    [95% Conf. Interval]     % Weight
---------------------+---------------------------------------------------
1                    |  1.106       0.458     2.672         17.15
2                    |  3.250       2.156     4.899         48.65
3                    |  1.667       0.680     4.082         13.68
4                    |  1.444       0.678     3.076         20.52
---------------------+---------------------------------------------------
M-H pooled OR        |  2.295       1.686     3.124        100.00
---------------------+---------------------------------------------------

  Heterogeneity chi-squared =   7.32 (d.f. = 3) p = 0.062
  I-squared (variation in OR attributable to heterogeneity) =  59.0%

  Test of OR=1 : z=   5.28 p = 0.000

. generate lnOR=log( _ES)

. metan lnOR _selogES, fixedi

           Study     |     ES    [95% Conf. Interval]     % Weight
---------------------+---------------------------------------------------
1                    |  0.101      -0.781     0.983         12.59
2                    |  1.179       0.768     1.589         58.09
3                    |  0.511      -0.385     1.407         12.19
4                    |  0.368      -0.388     1.124         17.13
---------------------+---------------------------------------------------
I-V pooled ES        |  0.823       0.510     1.136        100.00
---------------------+---------------------------------------------------

  Heterogeneity chi-squared =   7.32 (d.f. = 3) p = 0.062
  I-squared (variation in ES attributable to heterogeneity) =  59.0%

  Test of ES=0 : z=   5.15 p = 0.000
```

〈그림 11〉 Stata 고정효과모형 가중평균 효과크기(Average Log Odds Ratio) 결과값 화면

위 연구들의 가중평균 효과크기는 $OR = e^{Log\,Odds\,Ratio} = e^{.823} = 2.277$로 효과크기가 중간 정도인 것을 알 수 있으며, 95% 신뢰구간은 하한값 $e^{.510} = 1.665$, 상한값 $e^{1.136} = 3.114$로 (1.665~3.114)의 범위를 가지며, 두 이분변수의 관련성 검정을 통한 유의확률 값이 Z=5.15(p〈.001)로서 두 이분 변수는 서로 관련이 높은 것으로 나타났다. 즉, 실험집단과 통제집단에서 사건이 발생할 가능성이 달라진다고 결론내릴 수 있다.

나. 무선효과모형의 가중평균 효과크기

① 무선효과모형의 가중치 계산

메타분석을 수행할 때, 통합대상 연구들의 연구조건이 동질하지 않아 동일한 하나의 효과크기로 추정하는 것이 적합하지 않다고 판단된다면 연구 간 분산(τ^2)을 추가적으로 고려한 무선효과모형을 적용한다.

무선효과모형의 역분산 가중치 계산법은 고정효과모형과 동일한 방식이나, 가중치를 부여하기 위한 분산값의 도출방법에서 다음과 같은 차이가 있다.

무선효과모형의 가중치: $w_i{}^* = \dfrac{1}{v_i{}^*} \qquad \left(v_i{}^* = v_i + \tau^2\right)$

이때, v_i^*는 i번째 연구의 효과크기의 연구 내 분산(v_i)과 연구 간 분산(τ^2)을 합한 총분산 값이며, 무선효과모형의 가중치(ω_i^*)는 연구 i의 총분산(v_i^*) 값의 역수로 계산된다.

② 무선효과모형을 적용한 가중평균 효과크기

a. 무선효과모형의 가중평균 효과크기 추정

우선, 연구 간 분산 τ^2값은 다음의 공식을 이용하여 Q값과 C값 및 자유도(df)를 계산해 냄으로 추정할 수 있다

$$Q = \sum_{i=1}^{n}(ES_i - \overline{ES})^2 w_i = \sum_{i=1}^{n} ES_i^2 w_i - \frac{\left(\sum_{i=1}^{n} ES_i w_i\right)^2}{\sum_{i=1}^{n} w_i}$$

$$C = \sum_{i=1}^{n} w_i - \frac{\sum_{i=1}^{n} w_i^2}{\sum_{i=1}^{n} w_i}$$

$$df = k - 1$$

연구 간 분산(τ^2) 값:

$$\tau^2 = \frac{Q - df}{C} \qquad \tau^2 = \begin{cases} \dfrac{Q - df}{C} & \text{if } Q > df \\ 0 & \text{if } Q \le df \end{cases}$$

연구 간 분산 τ^2값이 도출되었다면, 무선효과모형에서 통합 효과크기의 추정치도 고정효과모형과 마찬가지로 역분산 가중치 방법을 사용하여 가중평균 효과크기를 추정할 수 있다. 무선효과모형은 연구 내 분산값에 연구 간 분산값을 추가한 값($v_i + \tau^2$)으로 가중치를 추정하여 다음과 같이 평균 효과크기를 계산한다.

$$\overline{ES}^* = \frac{\sum_{i=1}^{n} ES_i w_i^*}{\sum_{i=1}^{n} w_i^*} \qquad w_i^* = \frac{1}{v_i + \tau^2}$$

b. 무선효과모형의 효과크기 유의성 검정과 신뢰구간 추정

무선효과모형을 적용한 가중평균 효과크기의 유의확률 및 신뢰구간의 설정을 위한 표준오차는 고정효과모형과 동일한 방법으로 다음과 같이 계산된다.

$$se_{\overline{ES}}{}^{*} = \sqrt{\frac{1}{\sum_{i=1}^{n} w_i{}^{*}}}$$

검정통계값 Z와 신뢰구간은 다음의 식을 통해 구해지며, 영가설은 '연구들의 효과크기의 평균은 0이다'가 된다.

$$Z = \frac{\overline{ES}^{*}}{se_{\overline{ES}}{}^{*}}$$

95% 신뢰구간 하한값: $LL_{\overline{ES^*}} = \overline{ES}^{*} - 1.96 \times se_{\overline{ES^*}}$

95% 신뢰구간 상한값: $UL_{\overline{ES^*}} = ES^{*} + 1.96 \times se_{\overline{ES^*}}$

c. 무선효과모형의 가중평균 효과크기 계산 예

■ 연구 간 분산 τ^2값

Study	ES	Variance	Weight	ES×W	ES^2×W	W^2
Study A	.955	.062	16.053	15.327	14.633	257.683
Study B	−.148	.478	2.092	−.309	.046	4.377
Study C	2.969	.107	9.383	27.856	82.699	88.033
Study D	.631	.096	10.409	6.572	4.150	108.341
Study E	.772	.053	19.012	14.679	11.334	361.444
Study F	.307	.145	6.905	2.121	.651	47.682
Study G	.172	.101	9.860	1.694	.291	97.220
Study H	.952	.102	9.764	9.300	8.857	95.330
Study I	.990	.153	6.547	6.484	6.422	42.859
Study J	.631	.059	17.050	10.756	6.785	290.700
Study K	1.580	.251	3.986	6.296	9.944	15.887
Study L	.594	.094	10.644	6.320	3.753	113.305
Study M	.275	.482	2.073	.570	.157	4.297
Study N	.869	.075	13.364	11.611	10.088	178.600
Study O	.827	.122	8.189	6.772	5.601	67.052
Study P	.931	.050	19.902	18.524	17.240	396.098
			165.231	144.572	182.652	2168.909

위의 16개 연구 자료를 이용하여 Q와 C값 및 자유도(df)를 다음과 같이 구한 후,

$$Q=\sum_{i=1}^{n}(ES_i-\overline{ES})^2 w_i=\sum_{i=1}^{n}ES_i^2 w_i-\frac{\left(\sum_{i=1}^{n}ES_i w_i\right)^2}{\sum_{i=1}^{n}w_i}=182.652-\frac{(144.572)^2}{165.231}=56.156$$

$$C=\sum_{i=1}^{n}w_i-\frac{\sum_{i=1}^{n}w_i^2}{\sum_{i=1}^{n}w_i}=165.231-\frac{2168.909}{165.231}=152.104$$

$$df=16-1=15$$

도출된 Q와 C값 및 자유도(df)값을 다음의 공식에 대입하여 연구 간 분산(τ^2)값을 계산한다. 도출된 τ^2은 무선효과모형의 메타

분석 결과값인 가중평균 효과크기의 계산을 위해 사용되게 된다.

$$\tau^2 = \frac{Q-df}{C} = \frac{56.156-15}{152.104} = .2706$$

■ 가중평균 효과크기

무선효과모형에서는 개별 효과크기의 분산이 연구 내 분산값과 연구 간 분산값(τ^2)을 합한 값으로 계산된다. 따라서, 위의 식에서 도출된 연구 간 분산값 .2706과 고정효과모형의 표집오차를 의미하는 연구 내 분산값을 합한 총분산값으로 다음과 같이 무선효과모형의 통합 효과크기 도출을 위한 가중치를 계산한다. 이후 도출된 가중치를 이용하여 가중평균 효과크기를 구하게 된다.

Study	ES	Within Variance	Between Variance(τ^2)	Total Variance	Weight*	ES×W*
Study A	.955	.250	.2706	.333	3.004	2.868
Study B	−.148	.691	.2706	.749	1.336	−.197
Study C	2.969	.326	.2706	.377	2.651	7.871
Study D	.631	.310	.2706	.367	2.727	1.722
Study E	.772	.229	.2706	.323	3.094	2.389
Study F	.307	.381	.2706	.415	2.407	.739
Study G	.172	.318	.2706	.372	2.688	.462
Study H	.952	.320	.2706	.373	2.681	2.553
Study I	.990	.391	.2706	.423	2.362	2.340
Study J	.631	.242	.2706	.329	3.037	1.916
Study K	1.580	.501	.2706	.521	1.918	3.029
Study L	.594	.307	.2706	.365	2.743	1.629
Study M	.275	.695	.2706	.753	1.328	.365
Study N	.869	.274	.2706	.345	2.895	2.515
Study O	.827	.349	.2706	.393	2.546	2.106
Study P	.931	.224	.2706	.321	3.117	2.901
					40.534	35.208

$$\overline{ES}^* = \frac{\sum_{i=1}^{n} ES_i w_i^*}{\sum_{i=1}^{n} w_i^*} \qquad w_i^* = \frac{1}{v_i^*} \qquad v_i^* = v_i + \tau^2$$

$$\overline{ES}^* = \frac{\sum_{i=1}^{n} (ES_i \times w_i^*)}{\sum_{i=1}^{n} w_i^*} = \frac{35.208}{40.534} = .869$$

$$SE_{\overline{ES}}^* = \sqrt{\frac{1}{\sum_{i=1}^{n} w_i^*}} = \sqrt{\frac{1}{40.534}} = .1571$$

메타분석의 무선효과모형을 통해 전체 연구들을 종합한 가중평균 효과크기(Hedges's g)는 .869로 큰 처치효과가 존재함을 알 수 있다.

■ 효과크기 유의성 검정과 신뢰구간

16개 연구의 가중평균 효과크기의 유의확률 및 신뢰구간은 다음과 같다.

$$Z = \frac{\overline{ES}}{se_{\overline{ES}}} = \frac{.869}{.1571} = 5.53$$

$$LL_{\overline{ES}} = .869 - 1.96 \times .15728 = .561$$

$$UL_{\overline{ES}} = .869 + 1.96 \times .1571 = 1.176$$

무선효과모형에서 분석에 포함된 모든 연구의 실험집단과 통제집단 간 차이들의 평균은 유의(Z=5.53, p〈.001)하였고, 신뢰구간은 (.561~1.176)을 포함한다.

③ Stata를 이용한 무선효과모형의 가중평균 효과크기 계산

a. 표준화된 두 집단 간 평균차이(Hedges's *g*) Stata 분석 예

```
. metan n1 mean1 sd1 n2 mean2 sd2, hedges randomi

           Study     |     SMD   [95% Conf. Interval]     % Weight
---------------------+---------------------------------------------------
1                    |  0.955       0.466     1.444          7.41
2                    | -0.148      -1.503     1.207          3.30
3                    |  2.969       2.329     3.609          6.54
4                    |  0.631       0.024     1.239          6.73
5                    |  0.772       0.323     1.222          7.63
6                    |  0.307      -0.439     1.053          5.94
7                    |  0.172      -0.452     0.796          6.63
8                    |  0.952       0.325     1.580          6.61
9                    |  0.990       0.224     1.756          5.83
10                   |  0.631       0.156     1.106          7.49
11                   |  1.580       0.598     2.561          4.73
12                   |  0.594      -0.007     1.194          6.77
13                   |  0.275      -1.086     1.636          3.28
14                   |  0.869       0.333     1.405          7.14
15                   |  0.827       0.142     1.512          6.28
16                   |  0.931       0.491     1.370          7.69
---------------------+---------------------------------------------------
D+L pooled SMD       |  0.869       0.561     1.176        100.00
---------------------+---------------------------------------------------

  Heterogeneity chi-squared =  56.16 (d.f. = 15) p = 0.000
  I-squared (variation in SMD attributable to heterogeneity) =  73.3%
  Estimate of between-study variance Tau-squared =  0.2706

  Test of SMD=0 : z=   5.53 p = 0.000
```

〈그림 12〉 Stata 무선효과모형 가중평균 효과크기(Average Hedges's *g*) 결과값 화면

무선효과모형에서 병합된 평균차이는 .869이고, 95% 신뢰구간은 (.561~1.176)이고, 평균차이 검정값은 Z=5.53(p〈.001)로 각 연구의 집단 간 점수 차이의 평균은 0이 아님을 알 수 있다.

b. 표준화된 두 변수 간 상관의 정도(Pearson's r) Stata 분석 예

```
. metan Zr se, randomi

            Study     |     ES    [95% Conf. Interval]     % Weight
---------------------+---------------------------------------------------
1                     |  0.175       0.099       0.251         15.01
2                     |  0.454       0.340       0.568         14.49
3                     |  0.135      -0.030       0.300         13.56
4                     |  0.196       0.029       0.363         13.52
5                     |  0.602       0.520       0.684         14.94
6                     |  0.102       0.063       0.141         15.34
7                     |  0.529       0.345       0.713         13.15
---------------------+---------------------------------------------------
D+L pooled ES         |  0.312       0.139       0.485        100.00
---------------------+---------------------------------------------------

  Heterogeneity chi-squared = 146.97 (d.f. = 6) p = 0.000
  I-squared (variation in ES attributable to heterogeneity) =  95.9%
  Estimate of between-study variance Tau-squared =  0.0504

  Test of ES=0 : z=    3.53 p = 0.000
```

〈그림 13〉 Stata 무선효과모형 가중평균 효과크기(Average Fisher's z) 결과값 화면

무선효과모형을 이용한 메타분석 결과, 가중평균 효과크기는 $r=\frac{e^{2z_r}-1}{e^{2z_r}+1}=\frac{e^{(2\times.312)}-1}{e^{(2\times.312)}+1}=.302$로 α=.001 수준에서 각 연구별 두 변수 간 관련의 정도는 유의하였으며, 신뢰구간은 $\frac{e^{(2\times.139)}-1}{e^{(2\times.139)}+1}=.138$, $\frac{e^{(2\times.485)}-1}{e^{(2\times.485)}+1}=.450$으로 계산되어 (.138~.450)임을 알 수 있다.

c. 이분형 변수 간 연관성(*Odds Ratio*) Stata 분석 예

```
. metan lnOR _selogES, randomi

          Study     |     ES    [95% Conf. Interval]     % Weight
---------------------+---------------------------------------------------
1                    |  0.101      -0.781     0.983         20.64
2                    |  1.179       0.768     1.589         35.08
3                    |  0.511      -0.385     1.407         20.30
4                    |  0.368      -0.388     1.124         23.98
---------------------+---------------------------------------------------
D+L pooled ES        |  0.626       0.074     1.179        100.00
---------------------+---------------------------------------------------

  Heterogeneity chi-squared =   7.32  (d.f. = 3) p = 0.062
  I-squared (variation in ES attributable to heterogeneity) =  59.0%
  Estimate of between-study variance Tau-squared =  0.1827

  Test of ES=0 : z=   2.22 p = 0.026
```

〈그림 14〉 Stata 무선효과모형 가중평균 효과크기(Average Log Odds Ratio) 결과값 화면

위 연구의 가중평균 효과크기는 $OR = e^{LogOR} = e^{.626} = 1.87$로 작은 효과크기를 가지고 95% 신뢰구간은 $e^{.074} = 1.077$, $e^{1.179} = 3.251$로 계산되어 (1.077~3.251)이며, 두 이분변수의 관련성 검정을 통한 유의확률은 Z=2.22(p〈.05)로 실험집단과 통제집단의 사건이 발생할 가능성에 차이가 나는 것을 알 수 있다.

7장
효과크기의 동질성 검정 및 조절변수의 규명

1. 효과크기의 동질성 검정

고정효과모형은 연구들의 효과크기 간 동질성을 가정한다. 연구조건(표본분포 혹은 연구 설계)의 차이로 인해 연구결과가 서로 동질적이지 않은 개별 연구들을 병합하여 하나의 효과크기로 추정하는 것은 분석에 포함된 전체 연구를 요약하는 값으로 적절치 않을 것이다. 따라서 메타분석에서는 개별 연구의 효과크기들 간의 동질성이 반드시 검증되어야 한다. 효과크기의 동질성 분석은 개별 연구의 효과크기들이 동일한 모수값을 추정하는지를 검증하는 방법으로 영가설은 다음과 같다.

$$H_0 : ES_1 = ES_2 = \ldots = ES_i$$

메타분석에서 연구 간 효과크기에 차이를 가져오는 주요 원인은 분석에 사용된 개별 연구의 응답자 분포, 연구조건, 연구시기,

연구지역 등의 연구 특성(Study Characteristics)이 다르기 때문이다. 따라서 메타분석을 통해 효과크기의 차이를 유발하는 것으로 판단되는 연구 특성에 따라 구분하여 분석하면, 보다 타당하고 합리적인 선행연구의 요약 통계값을 도출할 수 있게 된다. 만약 정책이나 프로그램의 효과성을 검증하는 메타분석이라면 특정 정책 혹은 프로그램이 어떤 대상자에게 더 효과적인가를 종합적으로 평가할 수 있다(장덕호·신인수, 2011).

동질성 검정을 위해 주로 사용되는 검정통계는 다음과 같다.

가. Cochran's $Q(\chi^2$검정)

동질성 검증통계치 Cochran's Q는 개별 연구의 효과크기들이 전체 가중평균 효과크기로부터 가지는 편차의 자승값을 각 효과크기의 분산의 역수로 가중시킨 후 모두 더한 값으로 아래와 같이 계산된다.

$$Q = \sum_{i=1}^{n} (ES_i - \overline{ES})^2 w_i$$

구해진 Q값은 n-1의 자유도를 가진 χ^2분포에 근거하여 해석하게 되는데, Q값이 χ^2분포의 꼬리 부분의 기각역에 해당하는 값이 산출되면 개별 연구의 효과크기가 동질적이라는 영가설은 기각된다. 이런 경우, 연구자는 연구 간 효과크기의 차이를 보이는 연구 특성이 무엇인지 살펴보아야 한다.

χ^2검정은 메타분석에 사용된 연구의 수가 적을 때는 매우 낮은 검정력을 가지는 반면, 분석에 포함된 연구의 수가 많아지면 지나치게 높은 값을 보이므로 해석에 주의해야 한다.

나. Higgin's I^2

Higgin's I^2은 연구 간 이질성의 정도를 나타내는 연구 간 분산이 전체분산에서 차지하는 비율로 계산된다. χ^2값과는 달리 분석에 포함된 연구물의 수에 영향을 받지 않는 통계값으로 계산과 해석방법은 다음과 같다.

$$I^2 = 100 \times \left(\frac{Q-(k-1)}{Q} \right)$$

도출된 I^2이 25%면 낮은 이질성을, 50%면 중간 정도의 이질성을, 그리고 75%면 높은 이질성을 가진 것으로 해석한다(Higgins et al., 2003).

다. 통계적 동질성 검증 예

다음의 표는 16개의 연구로부터 산출된 효과크기와 개별 효과크기 Hedges's g값이 가지는 분산을 정리한 표이다. 이 자료를 이용해서 동질성 검증통계 값을 산출하면 다음과 같다.

Study	ES	Variance	Weight	ES×W	ES^2×W
Study A	.955	.062	16.053	15.327	14.633
Study B	-.148	.478	2.092	-.309	.046
Study C	2.969	.107	9.383	27.856	82.699
Study D	.631	.096	10.409	6.572	4.150
Study E	.772	.053	19.012	14.679	11.334
Study F	.307	.145	6.905	2.121	.651
Study G	.172	.101	9.860	1.694	.291
Study H	.952	.102	9.764	9.300	8.857
Study I	.990	.153	6.547	6.484	6.422
Study J	.631	.059	17.050	10.756	6.785
Study K	1.580	.251	3.986	6.296	9.944
Study L	.594	.094	10.644	6.320	3.753
Study M	.275	.482	2.073	.570	.157
Study N	.869	.075	13.364	11.611	10.088
Study O	.827	.122	8.189	6.772	5.601
Study P	.931	.050	19.902	18.524	17.240
			165.231	144.572	182.652

■ Q statistic

$$Q=\sum_{i=1}^{n}(ES_i-\overline{ES})^2 w_i=\sum_{i=1}^{n}ES_i^2 w_i-\frac{\left(\sum_{i=1}^{n}ES_i w_i\right)^2}{\sum_{i=1}^{n}w_i}=182.652-\frac{(144.572)^2}{165.231}=56.156$$

$$P(Q=56.156,\ df=15)<.001$$

■ I^2 statistic

$$I^2=100\times\left(\frac{Q-(k-1)}{Q}\right)=100\times\left(\frac{56.156-15}{56.156}\right)=73.3$$

위에 예를 통해 계산된 동질성 검증통계치(Q)는 56.156이고, 16

개 연구물의 효과크기에 대한 자유도 값은 15이며, 유의확률은 $p<.001$로 연구들 사이의 효과크기에 서로 차이가 있음을 알 수 있다. 또한 I^2값은 73.3으로 효과크기 간 높은 정도의 이질성이 존재하는 것으로 나타났다. 이에 연구자는 연구별 효과크기의 차이에 영향을 미친 연구 특성을 규명하기 위한 후속 연구 혹은 무선효과모형을 통해 분석을 진행해야 한다.

■ Stata를 이용한 효과크기의 동질성 검증

가중치가 부여된 평균효과크기 계산 명령어 **metan**을 통해 결과값을 산출하면 가중평균효과크기와 더불어 χ^2분포에 근거한 Q값과 I^2값이 부가적인 명령어의 지정 없이 아래와 같이 출력된다.

```
. metan n1 mean1 sd1 n2 mean2 sd2, hedges fixedi

           Study     |     SMD   [95% Conf. Interval]     % Weight
---------------------+---------------------------------------------------
1                    |  0.955       0.466     1.444          9.72
2                    | -0.148      -1.503     1.207          1.27
3                    |  2.969       2.329     3.609          5.68
...                       ...
14                   |  0.869       0.333     1.405          8.09
15                   |  0.827       0.142     1.512          4.96
16                   |  0.931       0.491     1.370         12.05
---------------------+---------------------------------------------------
I-V pooled SMD       |  0.875       0.722     1.027        100.00
---------------------+---------------------------------------------------

  Heterogeneity chi-squared =  56.16 (d.f. = 15) p = 0.000
  I-squared (variation in SMD attributable to heterogeneity) =  73.3%
```

〈그림 15〉 Stata 효과크기 간 동질성 검정 결과값 화면

앞선 예에서 계산된 것과 같이 동일한 동질성 검정 통계값 χ^2

=56.16과 유의확률 및 I^2=73.3% 값이 효과크기 결과표 아래 쪽 (점선 모양의 테두리로 표시된 부분)에 제시된다.

라. Forest Plot(숲그림) 그래프를 통한 동질성 진단

메타분석을 통해 병합되는 연구물들은 고정효과모형으로 분석할 경우, 원칙적으로 동질적인 효과크기를 가져야 하는데, 만약 이질적인 연구결과들을 연구 간 차이를 고려하지 않고 병합하면 왜곡된 결과값을 도출하기 때문이다. 연구들 간의 동질성은 앞서 설명된 동질성 검정 통계값 Cochran's Q와 Higgin's I^2 결과값을 통한 동질성 진단 외에 그래프를 이용하여 부가적으로 확인할 수 있다. Stata에서는 동질성 진단을 위한 대표적인 그래프인 Forest Plot이 추가적인 명령어 없이 효과크기의 통합결과 값과 함께 실행되어 제시된다.

Forest Plot의 장점은 메타분석에 포함된 연구물들의 개별 효과크기와 통합 결과값의 신뢰구간을 전체적으로 평가하여, 이질성에 기인한 편의의 존재 여부를 직관적으로 진단할 수 있다는 점이다. 하지만, 그래프의 해석은 주관적인 판단에 근거하므로, 연구자에 따라 해석이 달라질 수 있다는 한계가 있다.

〈그림 16〉에 제시된 Forest Plot은 7개의 개별 연구물의 효과크기와 신뢰구간 및 이들의 통합 결과 값으로 계산된 가중평균 효과크기와 신뢰구간을 보여 준다. 메타분석의 결과 산출된 병합된 효과크기는 세로의 점선으로 표시된 값인 .22이며, 마름모

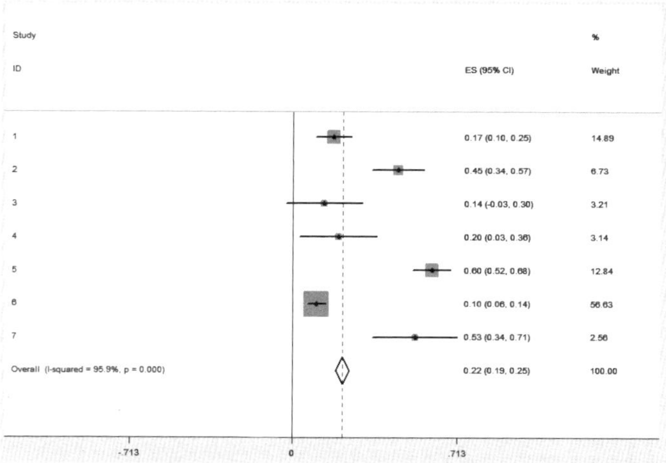

〈그림 16〉 Forest Plot: 효과크기들이 이질적인 경우

모양으로 제시된 95% 신뢰구간이 (.19~.25)로 0을 포함하고 있지 않으므로 연구들을 종합한 효과크기가 유의함(예를 들어, 부모의 문화 적응 정도가 높을수록 부모-자녀 간 관계만족도는 유의하게 증가)을 알 수 있다. 이들 연구물 중 효과크기의 신뢰구간이 0을 포함한 연구물은 위에서 세 번째 연구이며, 나머지는 모두 유의한 효과크기 값을 가지고 있다. 개별 연구의 가중치의 크기는 각 평균값 위에 표시된 정사각형의 면적으로 제시되었으며, 6번째 연구의 정밀도가 가장 높은 것으로 평가되어 높은 가중치가 부여되었음을 알 수 있다. 분석에 포함된 개별 연구결과의 효과크기 및 신뢰구간을 비교해 볼 때 연구들은 서로 이질적인 결과값을 도출한 것으로 판단된다.

〈그림 17〉의 예는 분석에 포함된 연구들의 효과크기가 동질적

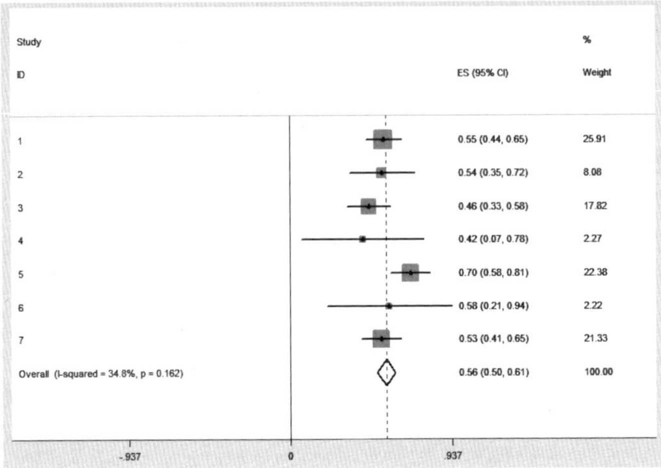

〈그림 17〉 Forest Plot: 효과크기들이 동질적인 경우

인 것으로 진단되는 메타분석 연구의 Forest Plot이다.

2. 이질성이 있는 경우의 메타분석

Stata의 메타분석 결과에서는 동질성 검정을 위해 Cochran의 Q와 Higgins의 I^2통계값이 제공되며, 무선효과모형에서는 이들 값과 더불어 추정된 연구 간 분산값 τ^2이 제시된다. 고정효과모형의 경우, 동질성 검정의 결과로 개별 효과크기들의 분포가 동질적이지 않은 것으로 나타나면 전체 연구들을 요약하는 타당한 값을 도출하기 위해 분석에 포함된 연구들 간의 이질성 문제를 해결해야 한다. 이를 위한 메타분석 방법은 다음과 같다.

가. 고정효과모형을 사용한 효과크기 간 이질성 접근

고정효과모형을 이용한 메타분석에서는 연구들 간의 이질성의 원인이 되는 연구수준의 특성을 분산분석이나 회귀분석 방법을 통해 검증한다. 이들 분석방법은 이질성에 영향을 미친 것으로 예측되는 연구의 특징을 독립변수로, 각 연구들의 효과크기를 종속변수로 투입하여 분석한다. 이때, 종속변수는 메타분석결과로 계산된 효과크기인 집단 간의 표준화된 평균차이 또는 두 변수 간의 관련의 정도를 의미하므로 개별 연구의 특징은 독립변수라기보다는 조절변수(Moderator Variable)로 해석하는 것이 더 적절하다.

① 고정효과 분산분석(ANOVA) 접근방법

메타분석에 포함된 연구들 사이에 존재하는 이질성의 원인을 확인하기 위한 분산분석의 적용은 이질성의 원인으로 추정되는 연구 특성변수(연구 대상자의 평균나이, 평균 여성응답자 비율 등)에 따라 연구물들을 몇 개의 집단으로 분류한 후 각 집단 내에 속해 있는 연구들의 효과크기들이 동질적인지, 그리고 각 집단 간 연구들의 평균 효과크기는 동질적인지를 분석하는 방법이다. 집단 내 효과크기들의 동질성은 충족된 반면, 집단 간의 동질성이 기각되었다면, 연구 특성에 따라 분류된 집단 간 효과크기의 차이는 연구 특성의 차이로부터 기인한 것으로 판단할 수 있다.

■ 고정효과 분산분석을 이용한 메타분석 예

다음의 표에는 7편의 연구논문으로부터 고정효과모형을 통해 계산된 개별 효과크기와 각 효과크기의 분산과 역분산 가중치 등이 제시되었다.

Study	ES	Variance	Weight	ES×W	ES^2×W	W^2
Study 1	.175	.001521	657.462	115.056	20.135	432256.54
Study 2	.135	.007056	141.723	19.133	2.583	88366.58
Study 3	.196	.007225	138.408	27.128	5.317	20085.51
Study 4	.102	.000400	2500.000	255.000	26.010	19156.86
Study 5	.454	.003364	297.265	134.958	61.271	321368.15
Study 6	.602	.001764	566.893	341.270	205.444	6250000.00
Study 7	.529	.008836	113.173	59.869	31.671	12808.21
			4414.926	952.414	352.431	7144041.85

우선, 7개 전체 연구의 동질성 검정 결과값은 다음과 같다.

$$Q_T = \sum_{i=1}^{n} w_i (ES_i - \overline{ES})^2 = \sum_{i=1}^{n} ES_i^2 w_i - \frac{\left(\sum_{i=1}^{n} ES_i w_i\right)^2}{\sum_{i=1}^{n} w_i} = 352.431 - \frac{(952.414)^2}{4414.926} = 146.97$$

$$P(Q_T = 146.97, df = 6) < .001$$

$$I^2 = 100\% \times \left(\frac{Q-(k-1)}{Q}\right) = 100 \times \left(\frac{146.97 - 6}{146.97}\right) = 95.92$$

전체 연구들의 동질성 검정을 진행하였는데, 7개 연구의 총 동질성값 Q_T값이 146.97(p<.001)로 '전체 연구의 효과크기는 같다'라는 영가설이 기각되었다. 분산분석을 이용한 메타분석을 위해 이질성의 원인으로 추정되는 연구 특성(즉, 응답자의 평균 교육년수)에 따라 두 개의 집단으로 나눈 결과, 아래의 표와 같이 고졸 미

만의 집단에는 총 4편의 연구가, 고졸 이상의 집단에는 3편의 논문이 포함되었다.

연구	평균 교육년수	효과크기	분산
Study 1	교육년수 < 12	.175	.001521
Study 2	교육년수 < 12	.454	.007056
Study 3	교육년수 < 12	.135	.007225
Study 4	교육년수 < 12	.196	.000400
Study 5	교육년수 ≥ 12	.602	.003364
Study 6	교육년수 ≥ 12	.102	.001764
Study 7	교육년수 ≥ 12	.529	.008836

Group	Study	ES	Variance	Weight	ES×W	ES^2×W	W^2
A	Study 1	.175	.0015	657.462	115.056	20.135	432256.54
	Study 2	.135	.0071	141.723	19.133	2.583	20085.51
	Study 3	.196	.0072	138.408	27.128	5.317	19156.86
	Study 4	.102	.0004	2500.000	255.000	26.010	6250000.00
				3437.594	416.317	54.045	6721498.91
B	Study 5	.454	.0034	297.265	134.958	61.271	88366.58
	Study 6	.602	.0018	566.893	341.270	205.444	321368.15
	Study 7	.529	.0088	113.173	59.869	31.671	12808.21
				977.332	536.097	298.386	422542.94

각 집단에 속한 연구들 사이의 효과크기 동질성 Q검정의 결과는 다음과 같다.

■ 집단 A의 가중평균 효과크기와 분산 및 동질성 검정값

$$\overline{ES_A} = \frac{\sum_{i=1}^{n} ES_i w_i}{\sum_{i=1}^{n} w_i} = \frac{416.317}{3437.594} = .121 \qquad V_{\overline{ES_A}} = \frac{1}{\sum_{i=1}^{n} w_i} = \frac{1}{3437.594} = .0003$$

$$Q_{W_A} = \sum_{i=1}^{n} w_i (ES_i - \overline{ES})^2 = \sum_{i=1}^{n} ES_i^2 w_i - \frac{\left(\sum_{i=1}^{n} ES_i w_i\right)^2}{\sum_{i=1}^{n} w_i} = 54.045 - \frac{(416.317)^2}{3437.594} = 3.626$$

$$P(Q = 3.626, df = 3) = .305$$

■ 집단 B의 가중평균 효과크기와 분산 및 동질성 검정값

$$\overline{ES_B} = \frac{\sum_{i=1}^{n} ES_i w_i}{\sum_{i=1}^{n} w_i} = \frac{536.097}{977.332} = .549 \qquad V_{\overline{ES_B}} = \frac{1}{\sum_{i=1}^{n} w_i} = \frac{1}{977.332} = .001$$

$$Q_{W_B} = \sum_{i=1}^{n} w_i (ES_i - \overline{ES})^2 = \sum_{i=1}^{n} ES_i^2 w_i - \frac{\left(\sum_{i=1}^{n} ES_i w_i\right)^2}{\sum_{i=1}^{n} w_i} = 298.386 - \frac{(536.097)^2}{977.332} = 4.32$$

$$P(Q = 4.32, df = 2) = .115$$

A집단에 속한 4개 논문의 가중평균 효과크기는 .121이고, B집단 3개 연구의 가중평균 효과크기는 .549로 계산되었다. 각 집단 내의 효과크기가 동질적인지의 여부를 검증동계치 집단 내 동질성값(Q_W)으로 검증하였는데, 두 집단 모두에서 동질적인 것으로 나타나 각 집단에 속한 효과크기들이 동질적이므로 각 집단의 가중평균 효과크기는 각 집단 내 연구들의 타당한 병합 효과크기 값이라 할 수 있다. 만약 집단 내 동질성(Q_W)이 기각된다면, 같은 집단에 속한 효과크기들이 같은 모수(효과크기의 참값)를 공유하지 않고 이질적이므로 또 다른 연구 특성의 영향을 고려해야

할 것이다.

다음으로, 집단별 가중평균 효과크기의 동질성을 검정한다. 즉 A집단과 B집단의 평균효과크기(A집단 평균=.121, B집단 평균=.549)가 동질적인지를 검증하기 위한 집단 간 동질성 통계값 Q_B를 계산한 결과는 다음과 같다.

Group	ES	Variance	Weight	ES×W	ES^2×W
A	.121	.000291	3437.594	415.949	50.330
B	.549	.001023	977.332	536.555	294.569
			4414.926	952.504	344.899

$$Q_B = \sum_{i=1}^{n} w_i (ES_i - \overline{ES})^2 = \sum_{i=1}^{n} ES_i^2 w_i - \frac{\left(\sum_{i=1}^{n} ES_i w_i\right)^2}{\sum_{i=1}^{n} w_i} = 344.899 - \frac{(952.504)^2}{4414.926} = 139.4$$

$$P(Q = 139.4, df = 1) < .001$$

$$I^2 = 100\% \times \left(\frac{Q-(k-1)}{Q}\right) = 100 \times \left(\frac{139.4-1}{139.4}\right) = 99.28$$

집단 간 동질성 값(Q_B)이 139.4로 α=.001 수준에서 유의한 값을 가지므로 두 집단의 효과크기 평균값에 차이가 있음을 알 수 있다. I^2값 역시 99.28로 큰 이질성을 보여 준다. 따라서 효과크기의 이질성에 영향을 미칠 것으로 예측된 연구 특성 '평균 교육수준'은 유의한 조절변수로 판명되어, 평균 교육수준이 고졸 이상인 응답자를 대상으로 한 연구는 고졸 미만의 표본을 사용한 연구에 비해 효과크기(변수 간 관련의 정도)가 유의하게 높은 것을 알 수 있다.

이처럼 분산분석 접근방법은 총 동질성값(Q_T)이 효과크기들의 집단 간 동질성(Q_B)과 집단 내 동질성(Q_W)으로 구성되는 것을 이용한 분석 방법이다. 아래의 분산분석표에서 Q_B에 대해서는 자유도 df=J-1=2-1=1인 $\chi^2_{(1)}$과 Q_W에 대해서는 df=(N-1)-(J-1)=(7-1)-(2-1)=5를 가진 $\chi^2_{(5)}$에 의해 동질성의 유의성을 확인할 수 있다.

요인	Q	df	p
집단 간 동질성	**139.4**	**1**	$p<.001$
집단 내 동질성	**7.57**	**5**	$p>.05$
총 동질성	146.97	6	$p<.001$

② 고정효과 가중회귀 메타분석(Weighted Regression Meta Analysis)

앞서 설명된 분산분석 접근방법은 조절변수로 사용된 연구 특성이 범주형 변수일 때 적용된다면 회귀분석방법은 연구 특성이 연속형 변수일 경우에도 적용이 가능한 방법이다. 이때, 회귀분석은 일반적인 회귀분석(OLS)이 아닌 가중회귀분석(WLS)을 적용한다(Hedges & Olkin, 1985). 가중회귀분석은 효과크기와 연구 특성과의 관계를 규명하기 위해 개별 연구의 효과크기를 각 효과크기의 분산의 역수값으로 가중시켜 분석하는 방법이다. 일반적인 회귀분석은 각 표본의 분산이 동일하다고 가정하지만, 고정효과 메타분석에서는 표본(개별 연구)의 수에 근거한 값인 표집오차로 개별 효과크기의 분산을 도출해 내기 때문에 각 표본의 분산이 동일하지 않다. 따라서 메타분석에서는 분산이 다른 표본을 분석하기 위해 역분산 가중치를 부여한 가중회귀분석을 적용하는 것이다.

분산분석 접근에 비해 가중회귀 메타분석은 연구 대상자의 일반적 특성(예. 연령분포, 성별비율 등), 연구가 수행된 지역적 위치, 수행된 시기 등 연구 간 이질성을 야기할 수 있는 여러 조절변수를 동시에 고려할 수 있으며, 연구 특성과 효과크기 간의 선형관계가 크다면 통계적 검정력이 크다는 이점이 있다(김수영 외, 2011). 하지만, 고정효과 가중회귀 메타분석은 연구 간 이질성이 모형에 포함된 연구 특성들로 모두 설명된다는 비현실적인 가정을 전제로 하므로 적용에 있어 주의가 필요하다. 따라서 모형에 포함된 연구특성 외에 설명되지 않는 이질성을 허용하기 위해서는 뒤에 설명되는 무선효과모형을 적용한 메타회귀분석(Meta-regression Analysis)을 수행하는 것이 더욱 적절한 방법으로 알려져 있다.

■ 고정효과 가중회귀 메타분석 예

각기 다른 분산값을 가진 아래 16개 연구들을 역분산 가중치를 부여한 고정효과 가중회귀 메타분석을 통해 효과크기들의 이질성의 원인이 되는 연구 특성을 밝히고자 하였다.

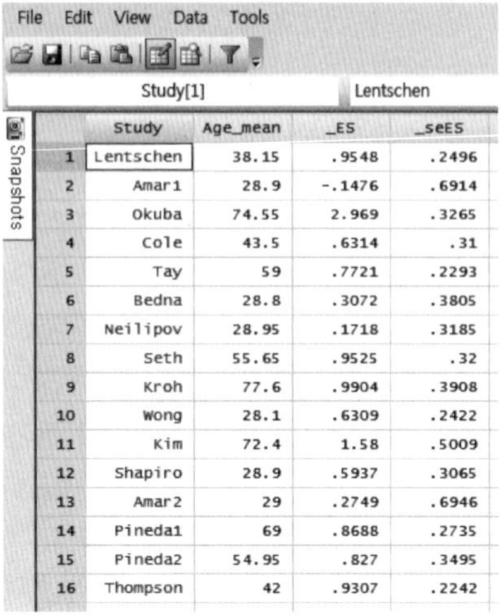

	Study	Age_mean	_ES	_seES
1	Lentschen	38.15	.9548	.2496
2	Amar1	28.9	-.1476	.6914
3	Okuba	74.55	2.969	.3265
4	Cole	43.5	.6314	.31
5	Tay	59	.7721	.2293
6	Bedna	28.8	.3072	.3805
7	Neilipov	28.95	.1718	.3185
8	Seth	55.65	.9525	.32
9	Kroh	77.6	.9904	.3908
10	Wong	28.1	.6309	.2422
11	Kim	72.4	1.58	.5009
12	Shapiro	28.9	.5937	.3065
13	Amar2	29	.2749	.6946
14	Pineda1	69	.8688	.2735
15	Pineda2	54.95	.827	.3495
16	Thompson	42	.9307	.2242

〈그림 18〉 Stata data Editor 가중 회귀분석을 위한 데이터 입력 화면

우선, 분석에 포함된 전체 16개 연구의 동질성 검정결과는 다음과 같다.

$$Q=\sum_{i=1}^{n}(ES_i-\overline{ES})^2 w_i=\sum_{i=1}^{n}ES_i^2 w_i-\frac{\left(\sum_{i=1}^{n}ES_i w_i\right)^2}{\sum_{i=1}^{n}w_i}=182.652-\frac{(144.572)^2}{165.231}=56.156$$

$$P(Q=56.156, df=15)<.001$$

동질성 검증통계치(Q)는 56.156이며 유의확률은 p〈.001로 연구들의 효과크기가 서로 상이한 것을 알 수 있다. 이에 이질성의 원인이 되는 조절변수를 규명하기 위해 Stata를 이용한 가중회귀 메타분석을 진행하였고, 그 결과는 다음과 같다.

```
. vwls _ES Age_mean, sd( _seES)

Variance-weighted least-squares regression           Number of obs   =        16
Goodness-of-fit chi2(14)    =    33.89               Model chi2(1)   =     22.27
Prob > chi2                 =   0.0021               Prob > chi2     =    0.0000

------------------------------------------------------------------------------
         _ES |      Coef.   Std. Err.      z    P>|z|     [95% Conf. Interval]
-------------+----------------------------------------------------------------
    Age_mean |   .0223528   .0047366     4.72   0.000      .0130692    .0316365
       _cons |  -.1837343   .2374482    -0.77   0.439     -.6491241    .2816555
------------------------------------------------------------------------------
```

〈그림 19〉 Stata 가중회귀분석 결과값 화면

고정효과 가중회귀 메타분석 결과, 개별 연구의 평균 연령은 효과크기에 유의한 영향(b=.022, p<.001)을 미치는 것으로 나타났다. 즉, 평균 연령이 한 단위 높은 응답자를 대상으로 분석된 연구는 평균 연령이 낮은 표본을 가진 연구보다 효과크기(실험집단과 통제집단의 표준화된 평균차이) 값이 .022만큼 더 높아지는 것을 알 수 있다. 따라서 평균 연령은 개별 연구들 간의 이질성의 원인으로 작용한 유의한 조절변수로 결론내릴 수 있다.

나. 무선효과모형을 사용한 효과크기 간 이질성 접근

① 무선효과모형을 이용한 연구 간 분산값(τ^2) 추정

무선효과모형에서는 메타분석의 대상 연구들을 대표하는 효과크기의 참값(True Effect Size)을 추정하는 대신, 각 연구들이 속한 모집단의 참 효과크기들의 평균인 효과크기의 평균 참값(True Mean Effect Size)을 추정한다. 무선효과모형에서는 각 연구의 효과크기들이 가지는 분산은 표집오차로 인한 분산과 연구 간 이질성으로 인한 분산으로 구성된다고 가정한다. 고정효과모형에서 추정하는 표집오차에 의한 효과크기의 분산 외에도 연구에 참여한 대상자들의 특성, 연구 조건, 연구 진행과정 등의 연구 특성의 차이로 인한 연구별 참 효과크기의 이질성의 정도를 추정할 수 있으므로 이질적인 개별 연구들의 효과크기를 하나의 통합 효과크기로 종합할 수 있다는 접근이다.

무선효과모형을 이용하여 가중평균 효과크기를 도출하면 연구 간 분산값(τ^2)을 추정할 수는 있지만, 이질성의 원인이 되는 연구 특성이 무엇인지는 규명할 수 없기 때문에, 주로 설명될 수 없는 이질성이 존재할 때 사용된다. 무선효과모형에서 연구 간 이질성의 원인을 밝히고자 한다면 고정효과모형에서와 마찬가지로 분산분석 또는 회귀분석을 사용한다.

② 무선효과 분산분석(ANOVA) 접근방법

앞선 고정효과모형의 효과크기 동질성 검정의 예를 보면, 연구별로 효과크기에 차이가 있는 것(Q_w= 146.97, p〈.001)으로 나타났으므로 연구별 특징에 따라 효과크기에 차이가 있는지를 무선효과모형을 이용한 분산분석 방법을 통해 살펴보면 다음과 같다. 고정효과 분산분석과 동일한 예를 사용하되, 이번에는 연구 간 분산값을 개별 효과크기의 분산값으로 포함시키는 무선효과모형으로 다음과 같이 분석해 보았다.

a. 집단별 다른 연구 간 분산값(τ^2)을 사용한 예

연구	평균 교육년수	효과크기	분산
Study 1	교육년수 < 12	.175	.001521
Study 2	교육년수 < 12	.454	.007056
Study 3	교육년수 < 12	.135	.007225
Study 4	교육년수 < 12	.196	.000400
Study 5	교육년수 ≥ 12	.602	.003364
Study 6	교육년수 ≥ 12	.102	.001764
Study 7	교육년수 ≥ 12	.529	.008836

Group	Study	ES	Variance	Weight	ES×W	ES^2×W	W^2
A	Study 1	.175	.0015	657.462	115.056	20.135	432256.54
	Study 2	.135	.0071	141.723	19.133	2.583	20085.51
	Study 3	.196	.0072	138.408	27.128	5.317	19156.86
	Study 4	.102	.0004	2500.000	255.000	26.010	6250000.00
				3437.594	416.317	54.045	6721498.91
B	Study 5	.454	.0034	297.265	134.958	61.271	88366.58
	Study 6	.602	.0018	566.893	341.270	205.444	321368.15
	Study 7	.529	.0088	113.173	59.869	31.671	12808.21
				977.332	536.097	298.386	422542.94

우선, 집단별 연구 간 분산값(τ^2)이 집단별로 다른 값을 가질 것으로 가정했을 경우의 연구 간 분산값(τ^2)을 도출하기 위한 C값은 아래와 같이 계산된다.

$$C_A = \sum_{i=1}^{n} w_i - \frac{\sum_{i=1}^{n} w_i^2}{\sum_{i=1}^{n} w_i} = 3437.594 - \frac{6721498.91}{3437.594} = 1482.302$$

$$C_B = \sum_{i=1}^{n} w_i - \frac{\sum_{i=1}^{n} w_i^2}{\sum_{i=1}^{n} w_i} = 977.332 - \frac{422542.94}{977.332} = 544.989$$

앞의 고정효과모형과 동일한 예에서 계산된 집단별 Q값과 df값, 그리고 위에서 계산된 C값을 사용하여 집단별 τ^2값을 추정할 수 있다.

Group	Q	df	C
A	3.626	3	1482.302
B	4.32	2	544.989

$$\tau_A^2 = \frac{Q-df}{C} = \frac{3.626-3}{1482.302} = .0004$$

$$\tau_B^2 = \frac{Q-df}{C} = \frac{4.32-2}{544.989} = .0042$$

추정된 A집단의 연구 간 분산값(τ^2)은 .0004이고, B집단의 연구 간 분산값(τ^2)은 .0042로 계산되었다. 기존의 표집오차로 인한 분산값(즉, 고정효과모형의 총분산값)에 연구 간 분산값을 추가한 값으로 가중치를 부여하여 집단별 가중평균 효과크기와 그 분산을 계산하면 다음과 같다.

Group	Study	ES	Variance	τ^2	Total Variance	Weight	ES×W	ES^2×W
Total	1~7					2412.419	463.95	145.912
A	Study 1	.175	.0015	**.0004**	.0019	520.562	91.098	15.942
	Study 2	.135	.0071	**.0004**	.0075	134.120	18.106	2.444
	Study 3	.196	.0072	**.0004**	.0076	131.148	25.705	5.038
	Study 4	.102	.0004	**.0004**	.0008	1250.00	127.500	13.005
						2035.83	262.410	36.430
B	Study 5	.454	.0034	**.0042**	.0076	132.205	60.021	27.250
	Study 6	.602	.0018	**.0042**	.0060	167.673	100.939	60.765
	Study 7	.529	.0088	**.0042**	.0130	76.711	40.580	21.467
						376.589	201.540	109.482

7개 전체 연구의 총분산값(Q_T)은 다음과 같다.

$$Q_T = \sum_{i=1}^{n} w_i (ES_i - \overline{ES})^2 = \sum_{i=1}^{n} ES_i^2 w_i - \frac{\left(\sum_{i=1}^{n} ES_i w_i\right)^2}{\sum_{i=1}^{n} w_i} = 145.912 - \frac{(463.95)^2}{2412.419} = 56.686$$

$$P(Q = 56.686, df = 6) < .001$$

■ 집단 A의 가중평균 효과크기와 분산 및 집단 내 분산값($Q^*_{W_A}$)

$$\overline{ES^*}_A = \frac{262.41}{2035.83} = .129 \qquad V_{\overline{ES_A}}{}^* = \frac{1}{2035.83} = .00049$$

$$Q^*_{W_A} = 36.43 - \frac{(262.41)^2}{2035.83} = 2.606$$

■ 집단 B의 가중평균 효과크기와 분산 및 집단 내 분산값($Q^*_{W_B}$)

$$\overline{ES^*}_B = \frac{201.54}{376.589} = .535 \qquad V_{\overline{ES_B}}{}^* = \frac{1}{376.589} = .00266$$

$$Q^*_{W_B} = 109.482 - \frac{(201.54)^2}{376.589} = 1.623$$

A집단의 가중평균 효과크기는 .129이고, B집단의 가중평균 효과크기는 .535로 계산되었다. 산출된 집단별 가중평균 효과크기와 분산 및 가중치 값을 다음과 같이 정리한 후, A집단과 B집단의 집단 간 동질성 값(Q_B*)을 계산하면 그 결과는 다음과 같다.

Group	ES	Variance	Weight	ES×W	ES^2×W
A	.129	.00049	2035.83	262.410	36.430
B	.535	.00266	376.589	201.475	107.789
			2412.419	464.097	141.667

$$Q^*{}_B = \sum_{i=1}^{n} w_i (ES_i - \overline{ES})^2 = \sum_{i=1}^{n} ES_i^2 w_i - \frac{\left(\sum_{i=1}^{n} ES_i w_i\right)^2}{\sum_{i=1}^{n} w_i} = 141.667 - \frac{(464.097)^2}{2412.419} = 52.385$$

$$P(Q = 52.385, df = 1) < .001$$

$$I^2 = 100\% \times \left(\frac{Q - (k-1)}{Q}\right) = 100 \times \left(\frac{52.385 - 1}{52.385}\right) = 98.09$$

두 집단의 평균효과크기(A집단 평균=.129, B집단 평균=.535)가 같은지를 검증하기 위해 집단 간 동질성 통계값 Q_B*를 계산한 결과, Q_B*가 52.39로 α=.001 수준에서 유의한 값을 가지므로 두 집단의 효과크기 평균값이 서로 차이가 나는 것을 알 수 있다. I^2값도 98.09로 큰 이질성을 보여 준다. 따라서 효과크기의 이질성에 영향을 준 연구 특성 '평균 교육수준'은 유의한 조절변수로 판명되어 개별 효과크기의 이질성을 설명할 수 있다고 하겠다. 즉 평균 교육수준이 높은 응답자를 대상으로 진행된 연구의 경우, 응답자의 평균 소득이 낮은 연구에 비해 높은 효과크기를 가진다.

검증 결과를 분산분석표로 정리하여 제시하면 다음과 같다.

요인	Q^*	df	p
집단 간 동질성	52.385	1	$p<.001$
집단 내 동질성	4.301	5	
총 동질성	56.686	6	

b. 집단별 동일한 통합 연구 간 분산값(τ^2_{pooled})을 사용한 예

다음으로 각 집단들이 동일한 통합 연구 간 분산값(Pooled τ^2)을 가진다고 가정했을 경우, 위의 예와 동일한 자료를 사용하여 τ^2_{pooled}값을 다음과 같이 추정할 수 있다.

Group	Q	df	C
A	3.626	3	1482.302
B	4.32	2	544.989
Sum	7.946	5	2027.291

$$\tau^2_{pooled} = \frac{\sum Q - \sum df}{\sum C} = \frac{7.946 - 5}{2027.291} = .0015$$

추정된 통합 연구 간 분산값(τ^2_{pooled}=.0015)을 기존의 분산(집단 내 분산)값에 더하여 총분산 값을 계산한 뒤, 이를 이용하여 가중치를 부여한 후 평균 냄으로 통합 효과크기 값을 도출한다.

Group	Study	ES	Variance	τ^2	Total Variance	Weight	ES×W	ES2×W
Total	1~7					1697.536	478.81	202.627
A	Study 1	.175	.0015	**.0015**	.0030	331.016	57.928	10.137
	Study 2	.135	.0071	**.0015**	.0086	116.877	15.778	2.130
	Study 3	.196	.0072	**.0015**	.0087	114.613	22.464	4.403
	Study 4	.102	.0004	**.0015**	.0019	526.316	53.684	5.476
						1088.822	149.855	22.146
B	Study 5	.454	.0034	**.0015**	.0049	205.592	93.339	42.376
	Study 6	.602	.0018	**.0015**	.0033	306.373	184.436	111.031
	Study 7	.529	.0088	**.0015**	.0103	96.749	51.180	27.074
						608.714	328.955	180.481

우선, 7개 전체 연구의 총분산값(Q_T)은 다음과 같다.

$$Q_T = \sum_{i=1}^{n} w_i (ES_i - \overline{ES})^2 = \sum_{i=1}^{n} ES_i^2 w_i - \frac{\left(\sum_{i=1}^{n} ES_i w_i\right)^2}{\sum_{i=1}^{n} w_i} = 202.627 - \frac{(478.81)^2}{1697.536} = 67.573$$

$$P(Q = 67.573, df = 6) < .001$$

■ 집단 A의 효과크기와 분산 및 집단 내 분산값($Q^*_{W_A}$)

$$\overline{ES^*}_A = \frac{149.855}{1088.822} = .138 \qquad V_{\overline{ES_A}}{}^* = \frac{1}{1088.822} = .00092$$

$$Q^*_{W_A} = 22.146 - \frac{(149.855)^2}{1088.822} = 1.521$$

■ 집단 B의 효과크기와 분산 및 집단 내 분산값($Q^*_{W_B}$)

$$\overline{ES^*}_B = \frac{328.955}{608.714} = .54 \qquad V_{\overline{ES_B}}{}^* = \frac{1}{608.714} = .00164$$

$$Q^*_{W_B} = 180.481 - \frac{(328.955)^2}{608.714} = 2.71$$

A집단의 가중평균 효과크기는 .138이고, B집단의 가중평균 효과크기는 .54로 계산되었다. 산출된 집단별 가중평균 효과크기와 분산 및 가중치 값을 다음과 같이 정리한 후, A집단과 B집단의 집단 간 동질성 값(Q_B*)을 계산하면 그 결과는 다음과 같다.

Group	ES	Variance	Weight	ES×W	ES^2×W
A	.138	.00092	1088.822	150.257	20.736
B	.540	.00164	608.714	328.706	177.501
			1697.536	478.963	198.237

$$Q_B{}^* = \sum_{i=1}^{n} w_i (ES_i - \overline{ES})^2 = \sum_{i=1}^{n} ES_i^2 w_i - \frac{\left(\sum_{i=1}^{n} ES_i w_i\right)^2}{\sum_{i=1}^{n} w_i} = 198.237 - \frac{(478.963)^2}{1697.536} = 63.097$$

$$P(Q = 63.097, df = 1) < .001$$

$$I^2 = 100\% \times \left(\frac{Q - (k-1)}{Q}\right) = 100 \times \left(\frac{63.097 - 1}{63.097}\right) = 98.42$$

요인	Q^*	df	p
집단 간 동질성	63.097	1	$p < .001$
집단 내 동질성	4.476	5	
총 동질성	67.573	6	

위의 분석 결과값을 종합해 보면, 통합 연구 간 분산값을 사용한 무선효과모형의 경우에도 '평균 교육수준'은 효과크기의 이질성에 영향을 준 연구 특성으로 유의한 조절변수임을 알 수 있다.

③ 무선효과 메타 회귀분석(Meta-regression Analysis)

연구들 간 이질성이 모형에 포함된 연구 특성들에 의해 모두 설명된다고 가정하는 고정효과모형의 가중회귀 메타분석과는 달리, 무선효과 메타 회귀분석은 연구 특성에 의해 설명되지 않는 연구들 간의 이질성의 존재를 가정하는 분석 방법이다. 이러한 이유로, 연구들의 효과크기가 서로 다르다면 연구의 특성에 의해 설명된 이질성 이외에도 설명되지 못한 이질성의 정도를 고려한 무선효과모형으로 수행되는 것이 일반적이다. 다만, 출판 편의(Publication Bias)가 있는 경우는 고정효과모형의 가중회귀 메타분석 방식이 보다 적절한 방법으로 간주된다(Stanley & Doucouliagos, 2012).

무선효과 메타 회귀분석에 대한 이해를 위해, 먼저 조절변수가 포함되지 않은 고정효과모형을 살펴보면 다음과 같이 정의된다.

$$ES_i = \theta + e_i, \quad where\ e_i \sim N(0, \sigma_i^2)$$

여기서 ES_i는 각 연구들에서 산출된 효과크기를 의미하며 θ는 참 효과크기(True Effect Size)이다. 각 연구들의 효과크기의 차이는 e_i에 의해 발생하는데 연구들 간 효과크기의 차이는 각 연구의 표집오차에 기인한다고 정의한다. 따라서 각 연구들 간 효과크기의 차이는 우연에 의해 발생한 것으로 어떤 체계적인 요인이 없다고 가정한다.

한편 조절변수가 포함되지 않은 무선효과모형은 다음과 같이 정의된다.

$$ES_i = \theta + u_i + e_i, \quad where\ u_i \sim N(0, \tau^2) \text{ and } e_i \sim N(0, \sigma_i^2)$$

무선효과모형에서 각 효과크기는 모든 연구의 모집단들의 효과크기 평균(θ), 연구 간 분산(τ^2), 연구 내 분산(e_i)에 의해 정의된다. 고정효과모형과 비교해 보았을 때 연구 간 이질성의 정도를 나타내는 연구 간 분산(τ^2)이 추가되었다. 따라서 연구 간 분산(τ^2)의 검증을 통해 연구 간 분산이 발견되면 무선효과모형을 분석모형으로 선택하게 된다. 한편, 분석대상 연구들의 이질성이 가정되었지만 실제 연구 간 효과크기의 동질성이 기각되지 않았을 때에도 무선효과모형을 사용한 메타분석을 적용할 수 있다.

결국, 무선효과모형은 총분산에서 연구 간 분산을 분리하여 추정하는 방법으로 다층모형(Multi-level Model)과 동일한 접근방법이다(Hedges & Olkin, 1985). 만약, 연구들의 효과크기가 이질적인 경우 고정효과모형의 우연에 의해 기인하는 표집오차는 체계적인 패턴을 가질 수 있으므로 참 효과크기 추정량에 편의가 발생할 수 있다. 그러나 무선효과모형에서는 연구 간 이질성이 연구 간 분산(τ^2)으로 고려되었기 때문에 비록 연구 간 이질성이 어떤 조절변수들에 의해 발생했는지는 규명해 내지 못하지만 추정에 있어 편의가 발생하지 않는다는 장점이 있다.

무선효과 메타 회귀분석은 앞서 설명된 조절변수가 포함되지 않은 기본 모형에서 연구 간 특성변수가 추가되는 모형으로 아래와 같이 정의된다.

$$ES_i = \beta X_i + u_i + e_i\,, \quad where\ u_i \sim N(0, \tau^2)\ \text{and}\ e_i \sim N(0, \sigma_i^2)$$

여기서 효과크기의 차이는 연구의 특성변수(X_i)로 설명되며, 연구 특성변수의 계수(β)는 연구 간 이질성을 고려한 상태에서 기대할 수 있는 평균효과크기의 증가량을 의미한다. 만약 투입한 연구 특성변수가 효과크기의 차이를 설명할 수 있다면 연구 간 분산은 줄어들게 되지만, 여전히 연구 간 차이(τ^2)가 통계적으로 유의하다면 연구 간 이질성이 남아 있다는 의미로 해석된다. 연구의 목표가 연구 간 이질성에 대한 설명을 목표로 한다면 연구 특성 변수의 추가적인 투입이 고려되어야 한다.

■ 무선효과 메타 회귀분석 예

```
. metareg _ES Age_mean, wsse( _seES)

Meta-regression                                       Number of obs  =        16
REML estimate of between-study variance               tau2           =     .1531
% residual variation due to heterogeneity             I-squared_res  =    58.68%
Proportion of between-study variance explained        Adj R-squared  =    52.25%
With Knapp-Hartung modification

------------------------------------------------------------------------------
         _ES |      Coef.   Std. Err.      t    P>|t|     [95% Conf. Interval]
-------------+----------------------------------------------------------------
    Age_mean |   .0249225    .007486     3.33   0.005     .0088667    .0409784
       _cons |  -.3208856   .3816642    -0.84   0.415    -1.139474    .4977028
------------------------------------------------------------------------------
```

〈그림 20〉 Stata 메타회귀분석 결과값 화면

메타 회귀분석 결과, 평균 연령은 효과크기에 유의한 영향(b=.025, p<.01)을 미치는 조절변수로 나타났다. 즉, 평균 연령이 한 단위 높은 응답자를 대상으로 분석된 연구는 평균 연령이 낮은 표본을 가진 연구보다 효과크기(실험집단과 통제집단의 표준화된 평균차이) 값이 .025만큼 더 높아지는 것을 알 수 있다. I^2값 58.68%는 전

체 분산에서 연구 간 분산이 차지하는 비율을 나타내며, 조정된 결정계수(R^2_{adj}) 52.25%는 연구 간 분산값 58.68% 중 조절변수(평균 연령)에 의해 설명된 분산의 비율을 의미한다.

8장
출판 편의 진단

출판 편의(Publication Bias)란 처치효과나 변수 간 관련이 통계적으로 유의한 결과값을 가진 논문은 출판되기 쉽지만, 유의성이 기각된 논문은 연구자가 연구 결과를 제출하지 않거나, 제출하여도 학술지에 채택되지 않아 출판되지 않을 가능성이 높아지는 이유로 학술지에 출판된 연구물만을 메타분석에 포함시킬 경우 왜곡된 값이 발생하는 것을 의미한다. 메타분석은 동일한 연구주제를 가진 모든 연구물의 병합을 목적으로 행해지는 분석 방법이다. 하지만 수행된 연구물 전부를 분석에 포함하는 것은 불가능하며, 대개의 경우 연구의 질이 다소 검증된 출판된 학술지 논문(Peer Reviewed Journal)을 위주로 분석을 진행하게 된다. 이때, 효과크기가 커서 영가설이 기각되기 쉬운 논문은 출판되어 메타분석에 포함되지만, 작은 효과크기를 가진 논문은 출판되지 않아 메타분석에서 제외될 수 있다.

이처럼 메타분석에서는 출판된 연구들만을 통합할 경우 효과크기의 병합 결과 값이 과장되어 실제보다 큰 값으로 추정될 수 있기 때문에 메타분석의 신뢰도를 높이기 위해서는 출판 편의를 검정할 필요가 있다. 출판 편의가 존재하는 것으로 진단되면 연구자는 출판된 연구물 외에 출판되지 않은 석·박사학위논문과 학술대회 발표문, 단행본 및 연구보고서들을 포함시킴으로 출판 편의의 문제를 해결하고자 노력해야 한다.

출판 편의를 확인하기 위한 대표적인 방법으로는 Funnel Plot과 Egger 검정법이 있다. Funnel Plot은 Plot의 비대칭성을 시각적으로 파악함으로 출판편의를 진단하며, Egger 검정은 정밀도(표준오차의 역수값)에 의해 추정된 표준정규편차(Standard Normal Deviate, SND; 효과크기를 표준오차로 나눈 값)의 회귀직선을 통해 편의를 확인하는 방법이다.

1. 출판 편의의 진단를 위한 Funnel Plot(깔대기 그림)

Funnel Plot은 각 연구들에 대해 추정된 효과크기를 X축에, 효과크기의 정밀도를 의미하는 표준오차의 역수를 Y축에 두고 그려지는 산점도이다. 작은 표준오차를 가지는 큰 규모의 연구는 뾰쪽한 깔때기 모양 그래프의 윗부분에 좁게 분포하고, 표본의 크기가 작아 연구의 정밀도가 낮게 평가된 연구들은 그래프의 아래 부분에 넓게 분포하게 된다. Funnel Plot의 점들이 Y축과 평행한 메타분석의 통합 추정 결과 값(Weighted Mean Effect Size)

을 기준으로 대칭을 이룬 깔대기 모양으로 나타나면 출판 편의가 존재하지 않는다고 해석한다. 만약, 연구들이 통계적으로 유의하지 않은 영역에서 결측되어 Funnel Plot이 비대칭 형태의 분포를 보인다면, 이는 출판 편의를 가진 것으로 결론 내린다.

Stata 프로그램의 **metafunnel** 명령어를 사용하여 Funnel 그래프로 출판 편의를 확인하는 방법은 다음과 같다.

	ES	se
1	.264	.2933
2	.23	.3256
3	.166	.2345
4	.173	.2898
5	.225	.2665
6	.291	.2793
7	.309	.2258
8	.435	.305
9	.617	.3082
10	.651	.3317
11	.718	.2324
12	.74	.2846
13	.745	.2898
14	.758	.295
15	.922	.3209
16	.938	.3362
17	.962	.2881

〈그림 21〉 Stata data Editor Funnel Plot을 위한 데이터 입력 화면

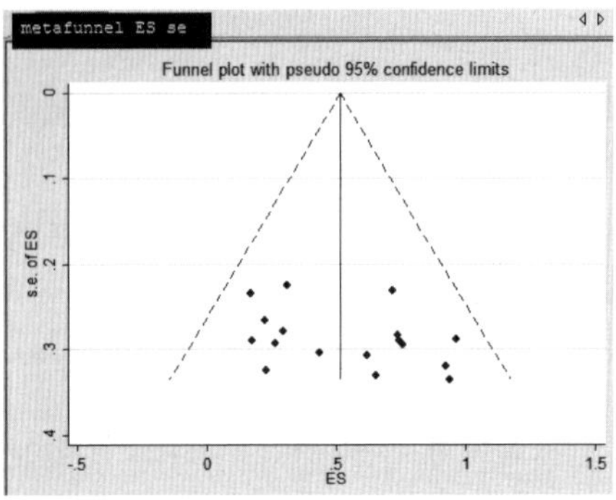

〈그림 22〉 Stata Funnel Plot 출력 화면: 출판 편의를 가지지 않은 경우

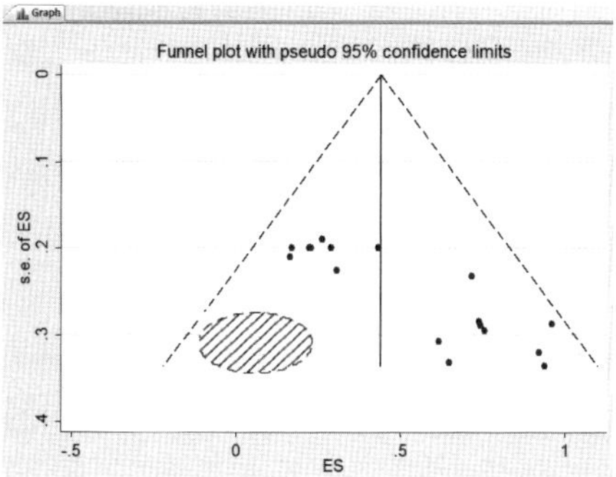

〈그림 23〉 Stata Funnel Plot 출력 화면: 출판 편의를 가진 경우

위의 그래프를 보면 〈그림 22〉의 경우는 점들을 통해 제시된 17개의 연구들이 깔때기의 안쪽에 대칭적으로 분포하므로 출판 편의가 존재하지 않는다고 평가할 수 있지만, 〈그림 23〉의 경우는 효과크기가 통계적으로 유의하지 않은 영역(좌측 하단의 사선 모양으로 채워진 부분)에서 결측된 Plot의 비대칭 분포로 보아 출판 편의의 가능성이 있다고 할 수 있다.

2. Egger 검정

Egger 검증은 출판 편의를 진단하는 가장 대표적인 검증방법으로 표준정규편차(SND, 효과크기를 표준오차를 나눈 값)를 종속변수로 두고 추정의 정밀도를 의미하는 표준오차의 역수값을 독립변수로 하는 회귀모형을 통해 검증을 하며 검정 모형은 아래와 같다.

$$SND_i = \beta_0 + \beta_1 \text{ 정밀도 }_i \ where\ SND_i = \frac{ES_i}{se_i} \text{ , 정밀도 }_i = \frac{1}{se_i}$$

$$H_0 : \beta_0 = 0$$

검정 회귀식에서 출판 편의가 없을 경우 표준정규편차와 정밀도와의 관계는 다음과 같다. 표준오차는 연구의 표본 크기에 따라 달라지기 때문에 표본 수가 작은 연구의 정밀도는 표준오차의 역수 값이므로 0값에 가까워진다. 또한, 표본 수가 작은 연구의 표준정규편차(SND)는 효과크기를 표준오차를 나눈 값이므로 0에 가까워진다. 따라서 정밀도가 작은 연구들의 표준정규편차를 합산하면 0에 가까운 값이 산출되어야 하는데 연구들 중 한쪽 효과크기의 연구들만 분석에 포함되어 출판 편의가 발생하면 한쪽 방향의 표준정규편차들이 발생하여 합산값은 0과 멀어지게 된다.

결국 이상적으로 출판 편의가 없을 경우 절편(β)은 0이 되며, Egger 검증은 절편을 통해 편의 여부를 판단하게 된다. 영가설은 '절편이 0이다'이며, 영가설이 기각될 경우 출판 편의가 존재한다고 볼 수 있으며 기각하지 못할 경우 출판 편의가 존재하지 않는 것으로 진단한다.

■ Egger 검정 Stata 분석 예

다음은 17개 연구결과물로 진행된 메타분석 결과에 출판 편의의 문제는 없는지 Egger 검정을 통해 진단해 보았다. Stata의 출판 편의 검정을 위한 명령어는 **meatabias**이며, 옵션으로 **egger**를 입력하면 검증 결과가 출력된다. 일반적인 회귀분석을 실행하면 상수항이 _cons로 출력되는 데 반해 metabias 명령어는 상수항이 bias로 출력된다. 추가적으로 graph를 함께 출력하고 싶으면 graph 옵션(**graph** 혹은 **g**)을 추가하면 된다.

```
. metabias ES se, egger g

Note: data input format theta se_theta assumed.

Egger's test for small-study effects:
Regress standard normal deviate of intervention
effect estimate against its standard error

Number of studies =  17                              Root MSE      =   .9708
------------------------------------------------------------------------------
     Std_Eff |     Coef.   Std. Err.      t    P>|t|     [95% Conf. Interval]
-------------+----------------------------------------------------------------
       slope |   -.33064    .5476723   -0.60   0.555    -1.497976    .8366958
        bias |  3.007812    1.938106    1.55   0.142    -1.123162    7.138787
------------------------------------------------------------------------------

Test of H0: no small-study effects          P = 0.142
```

〈그림 24〉 Stata Egger's Test 결과값 화면

Egger의 검정 결과 절편(bias)은 3.01로 추정되었으며, 유의확률은 .142로 '절편이 0이다'라는 영가설을 기각할 수 없으므로 출판 편의가 존재하지 않는다고 결론 내린다.

■ Egger 검정 Stata 그래프 분석 예

Egger Plot은 효과크기의 표준오차의 역수와 효과크기를 표준오차를 나눈 값을 X-Y 평면에 표시하여 산점도로 그린 후, 점들

에 의해 추정된 회귀선이 원점을 통과하면 영가설이 채택되어 출판 편의의 가능성은 낮아진다.

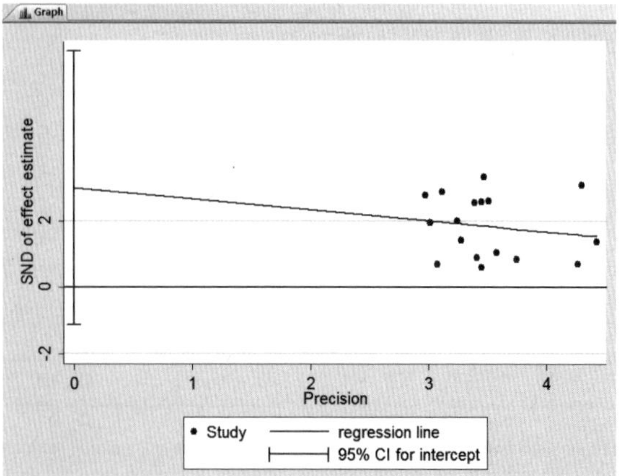

〈그림 25〉 Stata Egger Plot 출력 화면: 출판 편의가 존재하지 않는 경우

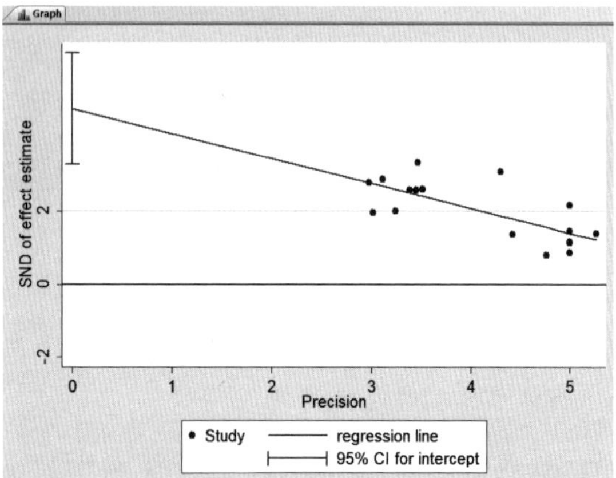

〈그림 26〉 Stata Egger Plot 출력 화면: 출판 편의가 존재하는 경우

위의 첫 번째 그래프에서 점으로 표시된 각 연구들로부터 추정된 회귀선의 절편의 신뢰구간은 (-.12~7.14)로 0을 포함하므로 원점을 지나는 회귀선이 추정되었다. 따라서 출판 편의가 존재하지 않는다는 결론을 얻게 된다. 하지만, 두 번째 그래프는 절편의 신뢰구간이 0을 포함하지 않으므로 출판 편의가 없다는 영가설이 기각되어 출판 편의가 존재함을 알 수 있다.

참고문헌

김병준·한명우(1995). 〈메타분석으로 본 정신연습의 효과 — 국내연구를 중심으로〉. 《한국스포츠심리학회지》 6. 67-88쪽.

김수영·박지은·서현주·이윤재·손희정·서혜선·신채민(2011). 《NECA 체계적 문헌고찰 매뉴얼》. 한국보건의료연구원.

김종승(1983). 〈메타분석 — 연구결과의 통계적 종합〉. 《교육학연구》 21. 83-92쪽.

박세훈·오승희(2003). 〈교육연구에 있어서의 메타분석의 쟁점〉. 《사회교육연구》 12. 1-16쪽.

송혜향(1998). 《의학, 간호학, 사회과학 연구의 메타분석법》. 청문각.

오성삼(2002). 《선행연구 결과의 통합과 재분석을 위한 메타분석의 이론과 실제》. 건국대학교출판부.

이준영(2008). 〈메타분석〉. 《대한내분비학회지》 23(6). 361-378쪽.

장덕호·신인수(2011). 〈교육학 연구방법으로서 메타분석(Meta-analysis)의 발전과정 고찰〉. 《교육과정평가연구》 14(3). 309-332쪽.

최기헌·국세정(2008). 《MIX를 이용한 메타분석》. 자유아카데미.

황정규(1988). 《메타분석의 이론과 방법론 — 경험과학적 연구결과의 종합을 위하여》(성곡논총 19). 1-55쪽.

Bonett, D. G. (2007). Transforming odds ratios into correlations for meta-analytic research. *American Psychologist*, 62, 254-255.

Borenstein, M., Hedges, L. V., Higgins, J. P. T., & Rothstein, H. R. (2009). *Introduction to meta-analysis*. Chichester, UK: Wiley.

Cohen, J. (1977). *Statistical power analysis for the behavioral sciences*. New York: Academic Press.

Cooper, H., Hedges, L. V., & Valentine, J. C. (2009). *The handbook of research synthesis and meta-analysis* (2nd ed.). New York: Russell Sage Foundation.

Dunlap, W. P., Cortina, J. M., Vaslow, J. B., & Burke, M. J. (1996). Meta-analysis of experiments with matched groups or repeated measures designs. *Psychological Methods*, 1, 170-177.

Eysenck, H. J. (1965). The effects of psychotherapy. *International Journal of Psychiatry*, 1, 97-178.

Glass, G. V. (1976). Primary, secondary and meta-analysis of research. *Educational Researcher*, 10, 3-8.

Glass, G. V. (1999). *Meta-analysis at 25*. Paper presented to Office of Special Education Programs Research Project Directors Conference, U. S. Department of Education. Washington DC., July 15, 1999.

Hanushek, E. A. (1989). The impact of differential expenditures on school performance. *Educational Researcher*, 18, 45-51.

Hedges, L. V., & Olkin, I. (1985). *Statistical Methods for Meta-analysis*. New York: Academic Press.

Hedges, L. V., Laine, R. D., & Greenwald, R. (1994). Does money matter? A meta-analysis of studies of the effects of differential school inputs on student outcomes. *Educational Research*, 23, 5-14.

Higgins, J. P. T., Thompson, S. G., Deeks, J. J., & Altman, D. G. (2003). Measuring inconsistency in meta-analyses. *British Medical Journal*, 327, 557-560.

Lipsey, M. W. (1992). Juvenile delinquency treatment: A meta-analytic inquiry into the variability of effects. In T. D. Cook (Ed.), *Meta-analysis for explanation* (pp. 83- 127). New York: Russell Sage Foundation.

Lipsey, M. W., & Wilson, D. B. (2001). *Practical Meta-analysis*. Thousand Oaks, CA: Sage.

Mann, C. (1994). Can meta-analysis make policy? *Science*, 266, 960-962.

Pillemer, D. B., & Light, R. J. (1980). Synthesizing outcomes: How to use research evidence from many studies. *Harvard Educational Review*, 50, 176-195.

Rosenthal, R. (1983). Assessing the statistical and social importance of the effects of psychotherapy. *Journal of Consulting and Clinical Psychology*, 51, 4-13.

Rosenthal, R., & Rosnow, R. (1991). *Essentials of behavioral research: Methods and data analysis* (2nd ed.). New York: McGraw-Hill.

Smith, M. L., & Glass, G. V. (1977). Meta-analysis of psychotherapy outcome studies. *American Psychologist*, 32, 752-760.

Stanley, T. D., & Doucouliagos, H. (2012). *Meta-regression analysis in Economics and Business*. Oxford: Routledge.

Sterne J. (2009). *Meta-analysis in Stata: An updated collection from the Stata Journal*. College Station, TX: Stata Corp.

진윤아

한국사회과학자료원 연구교육센터 센터장
Texas Tech University 가족관계학 박사
University of Pittsburgh 응용통계학 석사
서울대학교 소비자아동학과 졸업

고려대학교 정부학연구소 방법론 프론티어시리즈 02

Stata를 이용한 메타분석

초판발행 2015년 1월19일
초판 3쇄 2018년 7월 6일
지은이 진윤아
펴낸곳 고려대학교출판문화원
www.kupress.com
kupress@korea.ac.kr
02841 서울특별시 성북구 안암로 145
02-3290-4230, 4232
Fax 923-6311
찍은곳 네오프린텍(주)

ISBN 978-89-7641-869-2 94300
ISBN 978-89-7641-850-0 (세트)

값 9,000원

* 잘못 만들어진 책은 바꿔드립니다.